中国城市客运发展报告

National Report on Urban Passenger Transport Development

(2023)

中华人民共和国交通运输部

人民交通出版社

北京

内 容 提 要

本报告反映了 2023 年度中国城市客运发展状况，展示了行业发展水平。报告分为综述篇、行业篇、专题篇和 2023 年度城市客运大事记四个部分，共十四章。内容涵盖了城市客运发展环境、发展政策、发展特点，城市公共汽电车、城市轨道交通、巡游出租汽车、汽车租赁等领域发展统计数据，专题介绍了国家公交都市建设、出租汽车行业改革、城市轨道交通运营管理、交通运输新业态规范健康持续发展、绿色出行、适老化无障碍交通出行服务、国际城市交通发展相关经验等方面的情况。

本报告可为社会公众了解城市客运行业发展状况提供基础资料，为城市客运行业管理、企业经营管理和相关科研工作等提供参考。

Abstract

This report comprehensively represents the development status of China's urban passenger transport in 2023. Specifically, the report consists of 14 chapters in 4 parts (Overview, Industry statistics, Special topics and Important events), which covers sections of urban passenger transport development environment and policy, buses and trolley buses, urban rail transit, taxi(cruise) and car rental statistics, etc. Special topics include transit metropolis demonstration, deepening reformation of taxi industry, urban rail transit operation management, emerging service modes in urban passenger transport, promoting green travel, age-friendly transport service, and international practices on urban transport, etc.

This report provides basic information for the public to understand the development of urban passenger transport industry in China, and for the urban passenger transport industry management, enterprise operational management and related research reference.

图书在版编目（CIP）数据

中国城市客运发展报告 . 2023 / 中华人民共和国交通运输部编 . — 北京：人民交通出版社股份有限公司，2024. 10. — ISBN 978-7-114-19805-2

Ⅰ. F572.8

中国国家版本馆 CIP 数据核字第 20249H22F8 号

Zhongguo Chengshi Keyun Fazhan Baogao（2023）

书　　名：**中国城市客运发展报告（2023）**
著 作 者：中华人民共和国交通运输部
责任编辑：董　倩　刘捃梁
责任校对：赵媛媛
责任印制：刘高彤
出版发行：人民交通出版社
地　　址：（100011）北京市朝阳区安定门外外馆斜街 3 号
网　　址：http://www.ccpcl.com.cn
销售电话：（010）85285857
总 经 销：人民交通出版社发行部
经　　销：各地新华书店
印　　刷：北京建宏印刷有限公司
开　　本：889×1194　1/16
印　　张：8.25
字　　数：237 千
版　　次：2024 年 10 月　第 1 版
印　　次：2024 年 10 月　第 1 次印刷
书　　号：ISBN 978-7-114-19805-2
定　　价：100.00 元

编委会

编 写 领 导 小 组

组　长：蔡团结　交通运输部安全总监兼运输服务司司长

副组长：王绣春　交通运输部运输服务司副司长、一级巡视员

　　　　高　博　交通运输部运输服务司副司长

　　　　侯振兴　交通运输部综合规划司副司长

　　　　王先进　交通运输部科学研究院副院长兼总工程师

成　员：马　明　交通运输部运输服务司城市交通管理处处长

　　　　郑　宇　交通运输部运输服务司城市轨道交通管理处处长

　　　　余高潮　交通运输部综合规划司统计处处长

　　　　杨新征　交通运输部科学研究院城市交通与轨道交通研究
　　　　　　　　中心主任

　　　　李良华　交通运输部运输服务司城市交通管理处副处长

编委会

编 写 组

编写说明

　　本报告由交通运输部组织编写，交通运输部运输服务司、交通运输部科学研究院负责具体编写组织工作，交通运输部科学研究院（城市交通与轨道交通研究中心）、交通运输部公路科学研究院（公路交通发展研究中心）等单位承担了相关内容的具体编写工作。

　　本报告内容分为综述篇、行业篇、专题篇和2023年度城市客运大事记四个部分，共十四章。各章主要撰写人如下：第一章，赵岫、陈徐梅；第二章，赵岫、吴可；第三章，刘洋、陈徐梅；第四章，刘洋、王园；第五章，吴可、胡雪霏、程泽农；第六章，赵岫、夏炎、张皖杉；第七章，赵岫、王望雄、周健；第八章，路熙、高畅；第九章，乔睿、程国华；第十章，吴可、沙茜；第十一章，乔睿、程国华、李超；第十二章，刘晓菲、李成；第十三章，刘晓菲；第十四章，于洋、杜云柯。2023年度城市客运大事记由刘洋整理，2023年发布的城市客运行业政策文件清单由刘洋整理，2023年发布实施的城市客运标准规范清单由刘洋整理。

　　本报告中所指城市客运主要包括城市公共汽电车、城市轨道交通、巡游出租汽车及汽车租赁相应的服务设施和设备等。本报告主要数据来源为《交通运输企业统计调查制度》《交通运输部门统计调查制度》等统计资料；案例材料来源于交通运输部运输服务司、交通运输部科学研究院、地方交通运输主管部门、相关企业和媒体网站。本报告中全国统计数据未包括中国香港特别行政区、澳门特别行政区和台湾省的数据。

编　者

2024 年 8 月

目　录

综　述　篇

行　业　篇

专　题　篇

目　录

目 录

2023 年度城市客运大事记

附 录

综述篇

OVERVIEW

第一章　城市客运发展环境

2023 年是全面贯彻党的二十大精神的开局之年，是三年新冠疫情防控转段后经济恢复发展的一年。受多种因素影响，城市公共交通客运量回升仍然缓慢，城市公共交通行业可持续发展面临挑战。城市客运行业认真贯彻落实党中央、国务院决策部署，坚持稳中求进工作总基调，持续提升服务水平，不断增强自身可持续发展能力，为加快建设交通强国、全面建设社会主义现代化国家开局起步提供了坚强保障。

一、贯彻中央经济工作会议精神及全国两会精神

2022 年 12 月，中央经济工作会议在北京召开，会议在充分肯定成绩的同时，研判我国经济面临的需求收缩、供给冲击、预期转弱三重压力仍然较大，部署 2023 年要坚持稳字当头、稳中求进，继续实施积极的财政政策和稳健的货币政策。2023 年 3 月，全国两会在北京召开，会议提出"要坚持稳字当头、稳中求进，面对战略机遇和风险挑战并存、不确定难预料因素增多，保持政策连续性稳定性针对性，加强各类政策协调配合，形成共促高质量发展合力"。2023 年 9 月 25 日，在全球可持续交通高峰论坛开幕之际，习近平主席向论坛致贺信，指出建设安全、便捷、高效、绿色、经济、包容、韧性的可持续交通体系，是支撑服务经济社会高质量发展、实现"人享其行、物畅其流"美好愿景的重要举措。全国城市客运行业认真贯彻落实中央经济工作会议精神以及全国两会精神，坚持稳中求进工作总基调，完整、准确、全面贯彻新发展理念，服务加快构建新发展格局，着力推动高质量发展，统筹新型城镇化和乡村全面振兴，统筹高质量发展和高水平安全，着力做好增活力、防风险、稳预期、保畅通、降成本、提质效等各项工作，为巩固和增强经济回升向好态势、持续推动经济实现质的有效提升和量的合理增长作出更大贡献。

二、贯彻部党组加快推进交通强国建设决策部署

2023 年 3 月 30 日，全国交通运输工作会议在北京召开，会议提出要全面贯彻落实党的二十大精神，紧紧围绕党在新时代新征程的中心任务，奋力加快建设交通强国，努力当好中国式现代化的开路先锋，在中国式现代化进程中率先实现交通运输现代化，在强国建设中率先建成交通强国。要保持战略定力，坚持稳中求进，坚持高质量发展，以更高标准和要求，扎实落实《加快建设交通强国五年行动计划（2023—2027 年）》，建成保障有力的综合交通运输体系，提供人民满意的交通运输服务，拥有世界前列的交通运输实力，形成智慧绿色的交通运输发展方式，构建互联互通的交通运输网络，为实现中国式现代化和全面建成社会主义现代化强国提供更加坚强有力的服务保障。2023 年，城市客运行业认真贯彻落实部党组决策部署，持续深入实施城市公共交通优先发展战略，鼓励引导绿色出行，持续深化出租汽车行业改革，推动交通运输新业态规范健康持续发展，进一步提升城市客运适老化无障碍出行服务水平。浙江省"推进城市交通拥堵治理"、辽宁省"城市公交高质量发展路径"等交通强国试点工作有序推进，为加快推进交通强国建设贡献力量。

三、助力美丽中国建设

2023 年 12 月 27 日，《中共中央 国务院关于全面推进美丽中国建设的意见》印发，提出"到 2035 年，广泛形成绿色生产生活方式，碳排放达峰后稳中有降，生态环境根本好转""展望本世纪中叶，生态文明全面提升，绿色发展方式和生活方式全面形成，重点领域实现深度脱碳，生态环境健康优美，生态环

境治理体系和治理能力现代化全面实现，美丽中国全面建成"等目标，以及"鼓励绿色出行""深入实施城市公共交通优先发展战略"等工作任务。2023 年，城市客运行业认真落实相关文件精神，鼓励引导绿色出行，持续推广应用新能源车辆，有力推动城市客运行业绿色低碳发展，助力美丽中国建设。

四、推动平台经济规范健康持续发展

2023 年 2 月 27 日，中共中央、国务院印发《数字中国建设整体布局规划》，部署推动数字技术和实体经济深度融合，在交通等相关重点领域，加快数字技术创新应用，推动平台企业规范健康发展。2023 年，交通运输部会同有关部门，坚决贯彻落实党中央、国务院决策部署，强化部门协同配合，不断提升治理能力，推进交通运输新业态规范健康持续发展取得积极成效。截至 2023 年底，全国共有 337 家网络预约出租汽车（以下简称"网约车"）平台公司取得经营许可，各地共许可驾驶员 657.2 万人、许可车辆 279.2 万辆。互联网租赁自行车全国投放 1200 余万辆，日均订单量 2558.5 万单。2023 年 4 月 25 日，印发《交通运输部办公厅 工业和信息化部办公厅 公安部办公厅 国家市场监督管理总局办公厅 国家互联网信息办公室秘书局关于切实做好网约车聚合平台规范管理有关工作的通知》（交办运〔2023〕23 号），持续推动网约车合规化进程。交通运输部将"推动交通运输新业态平台企业降低过高抽成"列为 2023 年交通运输更贴近民生实事，切实加强从业人员权益保障，促进交通运输新业态规范健康持续发展。

第二章　城市客运发展政策

2023 年，城市客运行业深入贯彻落实党的二十大和二十届一中、二中全会精神，加快建设交通强国，在深入实施城市公共交通优先发展战略、持续完善城市轨道交通运营管理制度、促进交通运输新业态规范健康持续发展、加强安全生产重大事故隐患排查治理、进一步提升适老化无障碍出行服务等方面，出台了一系列政策，行业顶层设计不断完善，切实保障城市客运行业高质量发展。

一、深入实施城市公共交通优先发展战略

2023 年 10 月 8 日，《交通运输部 国家发展和改革委员会 公安部 财政部 人力资源和社会保障部 自然资源部 国家金融监督管理总局 中国证券监督管理委员会 中华全国总工会关于推进城市公共交通健康可持续发展的若干意见》（交运发〔2023〕144 号）印发，提出了落实运营补贴补偿政策、完善价格机制、加强政策支持、保障公交优先通行、合理引导公众出行、加强规划引领和用地保障、改善设施条件、促进公交服务提质增效、积极推动新增用地综合开发、因地制宜实施既有用地综合开发、建立用地综合开发收益反哺机制、保障从业人员工资待遇、关心关爱从业人员、建立绩效评价

扫一扫查看原文

制度、推动政策落实等 15 项政策举措。该文件的发布对于进一步加强对城市公共交通发展的政策支持，促进城市公共交通服务提质增效，保障从业人员合法权益，推进城市公共交通健康可持续发展，更好满足人民群众美好出行需要等具有重要意义。

二、持续完善城市轨道交通运营管理制度

一是逐步规范运营安全评估管理体系。2023 年 8 月 22 日，《交通运输部关于印发〈城市轨道交通运营安全评估管理办法〉的通知》（交运规〔2023〕3 号）印发，进一步完善安全评估前提条件及相关要求、强化安全评估工作要求、规范对第三方安全评估机构和专家的要求。2023 年 9 月 22 日，《交通运输部办公厅关于印发〈城市轨道交通初期运营前安全评估规范〉的通知》（交办运〔2023〕56 号）、《交通运输部办公厅关于印发〈城市轨道交通正式运营前安全评估规范〉的通知》（交办运〔2023〕57 号）和《交通运输部办公厅关于印发〈城市轨道交通运营期间安全评估规范〉的通知》（交办运〔2023〕58 号）印发。《城市轨道交通初期运营前安全评估规范》修订完善评估前提条件、补充防洪涝相关要求、完善关键设施设备功能要求、进一步强化应急能力要求。《城市轨道交通正式运营前安全评估规范》修订完善评估前提条件、补充淹水倒灌风险管控要求。《城市轨道交通运营期间安全评估规范》修订补充"两类人员"考核要求、完善运营安全相关要求。

二是进一步提升关键设备系统本质安全水平和服务保障能力。2023 年 11 月 23 日，《交通运输部办公厅关于印发〈城市轨道交通通信系统运营技术规范（试行）〉的通知》（交办运〔2023〕67 号）印发，明确通信系统构成，提出系统总体技术要求，并从运

扫一扫查看原文

营需求的角度，对传输、支撑、有线调度通信、无线调度通信、乘客信息、广播、视频监视等 7 个子系统提出性能和功能的具体要求。针对城市轨道交通网络化运营、智能运维等新形势，对支持网络化运营通信系统从功能、接口、设备配置、系统整合、新技术应用等方面提出要求。该文件的发布进一步提升城市轨道交通通信系统安全水平、服务质量和运营效率，夯实行业运营安全管理基础，有利于提高系统的可靠性、可用性、可维护性和安全性，规范行业发展。

三、促进交通运输新业态规范健康持续发展

扫一扫查看原文

一是做好网约车聚合平台规范管理。2023 年 4 月 25 日，《交通运输部办公厅 工业和信息化部办公厅 公安部办公厅 国家市场监督管理总局办公厅 国家互联网信息办公室秘书局关于切实做好网约车聚合平台规范管理有关工作的通知》（交办运〔2023〕23 号）印发，从提高思想认识、压实企业责任、规范经营行为、加强协同配合、强化底线思维等方面提出明确要求。该文件的发布对做好网约车聚合平台规范管理工作、切实保障乘客和驾驶员合法权益、促进网约车行业规范健康持续发展具有重要意义。

扫一扫查看原文

二是推动交通运输新业态平台企业降低过高抽成。2023 年 4 月 11 日，《交通运输部办公厅关于印发 2023 年持续提升适老化无障碍交通出行服务等 5 件更贴近民生实事工作方案的通知》（交办运函〔2023〕480 号）印发，提出了推动主要网约车和道路货运新业态平台公司加强与从业人员代表、行业协会等沟通协商，保障从业人员合理劳动报酬水平，推动主要网约车和道路货运新业态平台公司降低平台过高的抽成比例或者会员费上限，并向社会公开发布的目标任务。

四、加强安全生产重大事故隐患排查治理

扫一扫查看原文

2023 年 9 月 13 日，《交通运输部办公厅关于印发〈道路运输企业和城市客运企业安全生产重大事故隐患判定标准（试行）〉的通知》（交办运〔2023〕52 号）印发，明确道路旅客运输、道路普通货物运输、危险货物道路运输、城市轨道交通运营、城市公共汽电车客运、出租汽车客运、机动车驾驶员培训、机动车维修、汽车客运站等企业的运营安全生产重大事故隐患判定标准，指导各地科学判定、及时消除道路运输企业和城市客运企业安全生产重大事故隐患。

2023 年 11 月 21 日，《交通运输部办公厅关于印发〈自动驾驶汽车运输安全服务指南（试行）〉的通知》（交办运〔2023〕66 号）印发，引导自动驾驶技术发展，规范自动驾驶汽车在运输服务领域应用，是使用自动驾驶汽车从事城市公共汽电车客运、出租汽车客运、道路旅客运输、道路货物运输经营活动的管理指引。

扫一扫查看原文

五、进一步提升适老化无障碍出行服务

一是进一步加强适老化无障碍出行服务工作。2024 年 1 月 12 日，《交通运输部 国家铁路局 中国民用航空局 国家邮政局 中国残疾人联合会 全国老龄工作委员会办公室关于进一步加强适老化无障碍出行服务工作的通知》（交运函〔2024〕20 号）印发，提出加强适老化无障碍交通设施规划建设、加大适老化无障碍交通运输设备配置和改造力度、改善适老化无障碍城市交通出行体验、持续优化综合运输适老化无障碍出行

扫一扫查看原文

服务、改进提升适老化无障碍出行信息服务等 5 方面适老化无障碍出行环境建设要求，明确加强组织实施、强化宣传引导、推动多方共治等组织保障措施。该文件是落实《中华人民共和国无障碍环境建设法》的重要体现，有利于加快推进无障碍出行环境建设，进一步提升适老化无障碍出行服务水平。

二是推进适老化无障碍交通出行服务更贴近民生实事。2023 年 4 月 11 日，《交通运输部办公厅关于印发 2023 年持续提升适老化无障碍交通出行服务等 5 件更贴近民生实事工作方案的通知》（交办运函〔2023〕480 号）印发，提出了扩大出租汽车电召和网约车"一键叫车"服务覆盖面，新打造敬老爱老城市公共汽电车线路 1000 条，推动城市客运无障碍设施设备更新改造，加快低地板及低入口城市公共汽电车推广应用，开展城市轨道交通"爱心预约"乘车服务，通过微信公众号、小程序等渠道为老年人、残疾人等乘客提供预约服务的目标任务。

扫一扫查看原文

第三章　城市客运发展特点

2023 年，全国城市客运[1]行业全年完成客运量 951.88 亿人次，较 2022 年有所回升，同比增长 26.1%。其中，公共汽电车城市客运量 380.50 亿人次，公共汽电车城际城乡客运量 35.85 亿人次[2]；城市轨道交通客运量 293.89 亿人次；巡游出租汽车城市客运量 220.27 亿人次，巡游出租汽车城际城乡客运量 20.55 亿人次[3]。城市客运行业多措并举，持续增强供给水平、优化出行结构、提升服务质量。

一、城市客运供给水平持续增强

一是城市公共交通供给能力不断提升。2023 年全国城市公共汽电车停保场面积 11290.5 万平方米，同比增长 3.5%。2023 年城市轨道交通配属车辆 66659 辆，同比增长 6.6%。车站 5923 个，同比增长 5.8%，其中换乘站 723 个，同比增长 9.0%。

二是城市公共交通服务范围持续扩大。2023 年全国城市公共汽电车运营线路总长度 173.39 万公里，同比增长 4.2%；运营线路 79844 条，同比增长 2.3%。2023 年城市轨道交通运营里程 10158.6 公里，同比增长 6.3%；运营线路 308 条，同比增长 5.5%。

三是交通运输新业态规范健康持续发展。截至 2023 年底，全国共有 337 家网约车平台公司取得网约车平台经营许可，比 2022 年增加 39 家，同比增长 13.1%，各地共发放网络预约出租汽车驾驶员证 657.2 万本、网络预约出租汽车运输证 279.2 万本。互联网租赁自行车共在 410 余个城市投放车辆运营，在营车辆 1228 余万辆，日均订单量 2558.5 万单。

二、城市客运出行结构不断优化

一是城市公共交通客运量有序恢复。2023 年，全国城市公共交通客运量占城市客运行业总客运量比例为 74.7%，较 2022 年占比 72.4% 上升 2.3 个百分点。其中，公共汽电车城市客运量和公共汽电车城际城乡客运量合计占城市客运行业总客运量比例为 43.7%，较 2022 年占比 46.8% 下降 3.1 个百分点；城市轨道交通客运量占城市客运行业总客运量比例为 30.9%，较 2022 年占比 25.6% 上升 5.3 个百分点。

二是城市公共汽电车运营车辆结构优化。2023 年，全国城市公共汽电车运营车辆数 682511 辆，其中新能源运营车辆数[4]（包括纯电动车、混合动力车、氢能源车）554409 辆，占运营车辆数的比例为 81.2%，较 2022 年占比 77.2% 上升 4.0 个百分点。排放标准不断提高，零排放运营车辆数 483594 辆，占运营车辆数的比例为 70.9%，较 2022 年占比 66.0% 上升 4.9 个百分点。

三、城市客运服务质量稳步提升

一是多样化公交服务创新发展。各地探索公交服务模式，发展微循环公交服务，积极开通通勤、通学、

---

[1] 城市客运包括城市公共汽电车、城市轨道交通、出租汽车（含巡游出租汽车和网络预约出租汽车）、汽车租赁、互联网租赁自行车、城市客运轮渡等。其中，网络预约出租汽车、互联网租赁自行车数据暂未纳入统计，汽车租赁业务在部分省（自治区、直辖市）未纳入交通运输主管部门管理。

[2] 根据《交通运输部办公厅关于印发客运统计改革实施方案的通知》（交办规划〔2023〕61 号），2023 年城市公共汽电车客运量统计口径调整为公共汽电车城市客运量、公共汽电车城际城乡客运量。

[3] 根据《交通运输部办公厅关于印发客运统计改革实施方案的通知》（交办规划〔2023〕61 号），2023 年巡游出租汽车客运量统计口径调整为巡游出租汽车城市客运量、巡游出租汽车城际城乡客运量。

[4] 自 2021 年起统计氢能源车辆数量，2020 年及以前年份未单独统计氢能源车辆。

就医等定制公交线路，探索发展需求响应式公交，拓展"公交＋旅游"服务模式，如北京市开通由学校组织家长定制的通学公交，苏州市开通"招手即停、全线响应式停靠"公交线路等。

二是智能化提升公交运行效率。大部分城市不同程度地建设和使用了公交智能调度系统，以科技赋能城市公交运营服务，实现公交车辆实时监控和调度，随时掌握线路车辆运行情况，实时掌握车内及路面信息，通过大数据客流分析预测，结合车辆定位、电量、周转时间等多因素分析，实现智能排班、协同调度、信号优先等应用。杭州、深圳等城市积极推动数字化转型升级，加快云计算、人工智能等新技术与公交行业的深度融合，打造公交智慧大脑和云平台，数据要素赋能业务应用，实现公交运营智慧化、管理精细化、服务多元化，提升公交运行效率和公众服务水平。

三是适老化出行服务水平不断提高。截至2023年底，全国共完成近1.3万个城市公共汽电车站台适老化改造，低地板及低入口城市公共汽电车超过12万辆，打造4000余条敬老爱老服务城市公交线路。全国开通轨道交通的城市均已实现城市轨道交通上下车无障碍渡板全配备，54个城市开通城市轨道交通"爱心预约"乘车服务，累计服务2.6万余人次。各主要网约车平台公司优化完善"一键叫车"服务，累计为1300余万老年人乘客提供服务1.14亿单。全国已有140余个地级以上城市开通95128约车服务电话，持续提升巡游出租汽车电召服务能力。

行业篇

**URBAN PASSENGER
TRANSPORT SECTOR**

第四章　城市公共汽电车

　　截至 2023 年底，全国拥有城市公共汽电车运营车辆 68.25 万辆（折合 77.21 万标台），其中新能源运营车辆 55.44 万辆。经营业户 4308 户，运营线路 79844 条，运营线路总长度 173.39 万公里，公交专用车道长度 20275.7 公里。全年完成运营里程 310.84 亿公里。公共汽电车城市客运量 380.50 亿人次，公共汽电车城际城乡客运量 35.85 亿人次[1]，合计占城市客运行业总客运量的 43.7%。2023 年全国城市公共汽电车发展情况见表 4-1[2]。

2023 年全国城市公共汽电车发展情况　　　　　　　　　　　　　　表 4-1

数据类型	单位	2023 年	比 2022 年新增	同比增长率（%）
运营车辆数	辆	682511	−20654	−2.9
	标台	772050	−22110	−2.8
新能源运营车辆数	辆	554409	11853	2.2
运营线路条数	条	79844	1824	2.3
运营线路总长度	公里	1733852	69357	4.2
无轨电车线路长度	公里	1373	179	15.0
公交专用车道长度	公里	20275.7	405.3	2.0
停保场面积	万平方米	11290.5	382.7	3.5
经营业户数	户	4308	64	1.5
运营里程	亿公里	310.84	19.25	6.6
城市客运量	亿人次	380.50	——	——
城际城乡客运量	亿人次	35.85	——	——

第一节　设施装备

一、运营车辆

　　截至 2023 年底，全国城市公共汽电车运营车辆 68.25 万辆，较 2022 年减少 20654 辆，同比下降 2.9%。其中新能源运营车辆 55.44 万辆，较 2022 年增加 1.19 万辆，同比增长 2.2%。2023 年全国 31 个省（自治区、直辖市）城市公共汽电车运营车辆数量情况见表 4-2。

---

[1] 根据《交通运输部办公厅关于印发客运统计改革实施方案的通知》（交办规划〔2023〕61 号），2023 年城市公共汽电车客运量统计口径调整为公共汽电车城市客运量、公共汽电车城际城乡客运量。

[2] 由于统计制度变化，2022 年起无中心城市相关数据。

2023 年全国 31 个省（自治区、直辖市）城市公共汽电车运营车辆数量情况 ❶　　表 4-2

地区	运营车辆数（辆）		运营车辆数（标台）	新能源运营车辆数（辆）		新能源运营车辆数占比（%）
		比 2022 年新增			比 2022 年新增	
合计	682511	−20654	772050	554409	11853	81.2
北京	23385	−80	30940	15669	1516	67.0
天津	9665	−1988	10374	7723	−830	79.9
河北	33130	613	36173	27419	2003	82.8
山西	15213	−589	17303	14551	−333	95.6
内蒙古	11022	−476	12598	6803	259	61.7
辽宁	22200	−396	26841	16258	1237	73.2
吉林	12399	351	14033	9101	817	73.4
黑龙江	18548	−1319	21652	13329	−288	71.9
上海	17358	53	21972	15949	452	91.9
江苏	51379	−2040	58383	42260	1242	82.3
浙江	45885	118	47580	36192	2086	78.9
安徽	28198	413	31325	24577	1517	87.2
福建	20163	−787	21978	18560	195	92.0
江西	15627	−236	16955	12320	338	78.8
山东	63952	−2658	70704	52161	−673	81.6
河南	33750	−2119	37638	30189	−1671	89.4
湖北	25116	−660	28878	20277	894	80.7
湖南	32136	−1130	37387	31218	−648	97.1
广东	63120	−3025	70779	61690	−2317	97.7
广西	13904	−472	14805	10579	364	76.1
海南	4897	10	5137	3940	59	80.5
重庆	15208	77	17625	10040	946	66.0
四川	31969	−2041	36629	21377	1918	66.9
贵州	10884	−387	12614	8142	419	74.8
云南	15633	−743	15524	9812	204	62.8
西藏	874	−10	1029	764	10	87.4
陕西	18171	−510	21434	14750	248	81.2
甘肃	10067	−155	11164	7467	484	74.2
青海	3790	39	4174	2689	485	70.9
宁夏	4373	−27	5401	3204	597	73.3
新疆	10495	−480	13024	5399	323	51.4

❶　由于统计制度变化，2023 年未统计低地板及低入口车辆相关数据。

2023 年全国城市公共汽电车运营车辆主要呈现以下特征：

（1）能源结构持续优化。2023 年新能源运营车辆数占比为 81.2%，较 2022 年占比 77.2% 提高 4.0 个百分点。2023 年全国城市公共汽电车运营车辆能源类型情况见图 4-1 和表 4-3。

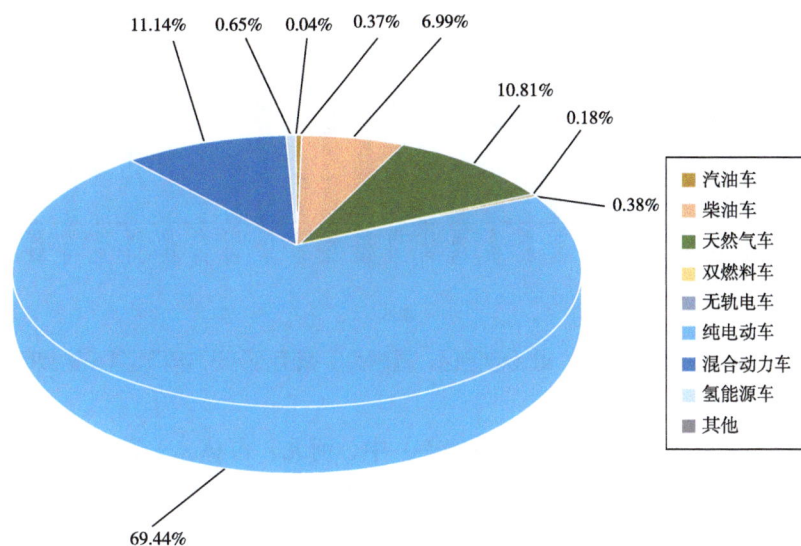

图 4-1　2023 年全国城市公共汽电车运营车辆能源类型情况

2023 年全国不同能源类型城市公共汽电车运营车辆数量情况　　　　表 4-3

数量	车辆能源类型								
	汽油车	柴油车	天然气车	双燃料车	无轨电车	纯电动车	混合动力车	氢能源车	其他
2023 年车辆（辆）	2512	47737	73763	1226	2562	473919	76031	4459	302
占比（%）	0.37	6.99	10.81	0.18	0.38	69.44	11.14	0.65	0.04

（2）排放标准进一步提高。2023 年，国 IV 及以下排放标准运营车辆占比 11.0%，较 2022 年占比 14.7% 下降 3.7 个百分点；国 V 及以上排放标准运营车辆占比 18.1%，较 2022 年占比 19.3% 下降 1.2 个百分点；零排放运营车辆占比 70.9%，较 2022 年占比 66.0% 提高 4.9 个百分点。

（3）车辆结构持续调整。2023 年，5~7 米（含）运营车辆占比 9.8%，较 2022 年占比 10.0% 下降 0.2 个百分点；7~10 米（含）运营车辆占比 38.1%，较 2022 年占比 38.3% 下降 0.2 个百分点；10~13 米（含）运营车辆占比 50.2%，较 2022 年占比 49.7% 提高 0.5 个百分点；13~16 米（含）、16 米以上及双层车运营车辆占比均为 0.5%，与 2022 年基本持平。

截至 2023 年底，全国 31 个省（自治区、直辖市）城市公共汽电车平均运营车辆数为 22016 辆，12 个省（直辖市）的城市公共汽电车运营车辆数高于全国平均水平。2023 年全国 31 个省（自治区、直辖市）城市公共汽电车运营车辆数情况见图 4-2 和表 4-2。

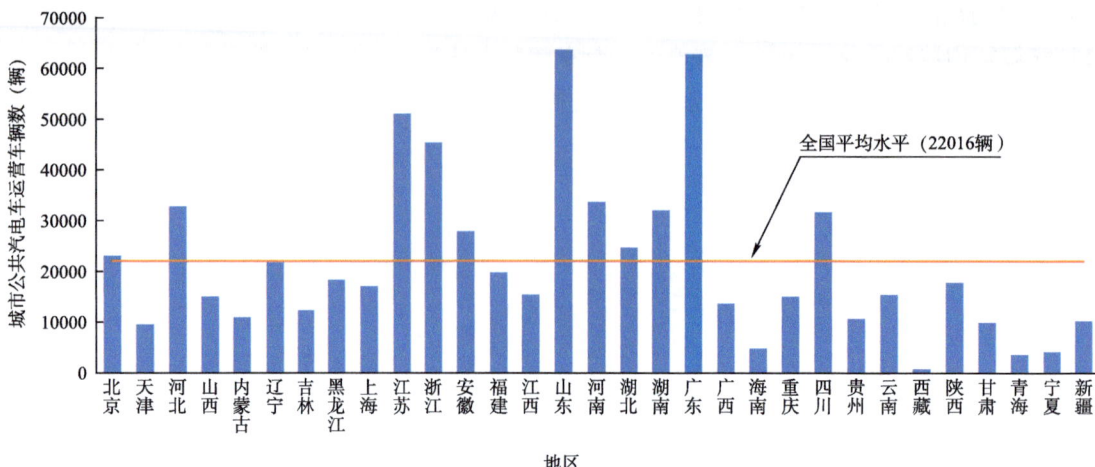

图 4-2　2023 年全国 31 个省（自治区、直辖市）城市公共汽电车运营车辆数情况

截至 2023 年底，全国 31 个省（自治区、直辖市）中，河北、吉林、上海、浙江、安徽、海南、重庆、青海等 8 个省（直辖市）的城市公共汽电车运营车辆数较 2022 年有所增加。2023 年全国 31 个省（自治区、直辖市）城市公共汽电车运营车辆数增长情况见图 4-3 和表 4-2。

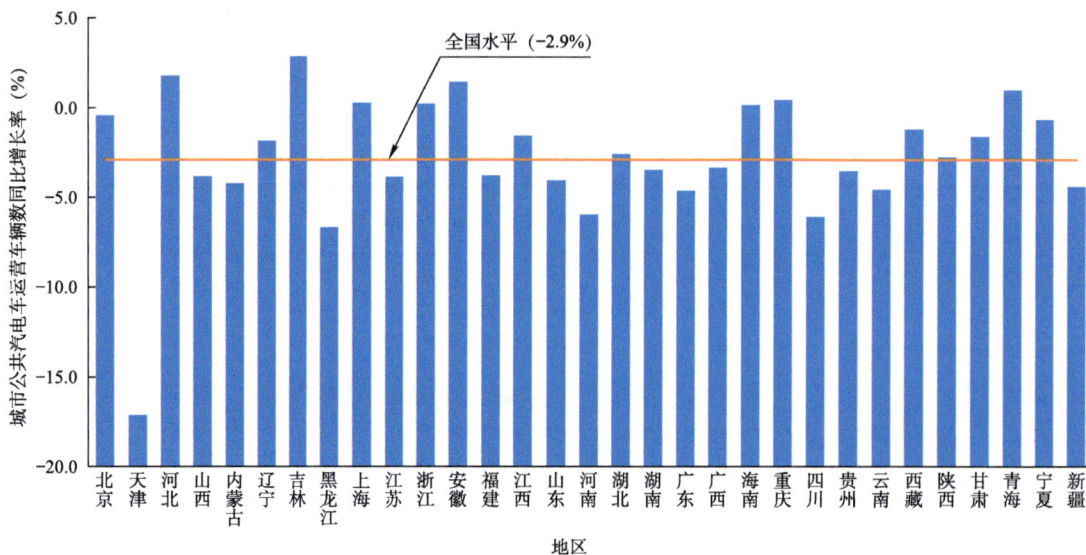

图 4-3　2023 年全国 31 个省（自治区、直辖市）城市公共汽电车运营车辆数增长情况

截至 2023 年底，全国 31 个省（自治区、直辖市）中有 11 个省（自治区、直辖市）的新能源运营车辆数占比超过全国水平。2023 年全国 31 个省（自治区、直辖市）新能源运营车辆数占比情况见图 4-4 和表 4-2。

二、运营线路

2023 年，各地持续优化城市公共汽电车线网。截至 2023 年底，全国共有城市公共汽电车运营线路 79844 条，比 2022 年增加 1824 条，同比增长 2.3%。运营线路总长度 173.39 万公里，比 2022 年增加 6.94 万公里，同比增长 4.2%。公交专用车道长度 20275.7 公里，比 2022 年增加 405.3 公里，同比增长 2.0%。

无轨电车线路长度 1373 公里，比 2022 年增加 179 公里，同比增长 15.0%。2023 年全国 31 个省（自治区、直辖市）城市公共汽电车运营线路情况见表 4-4。

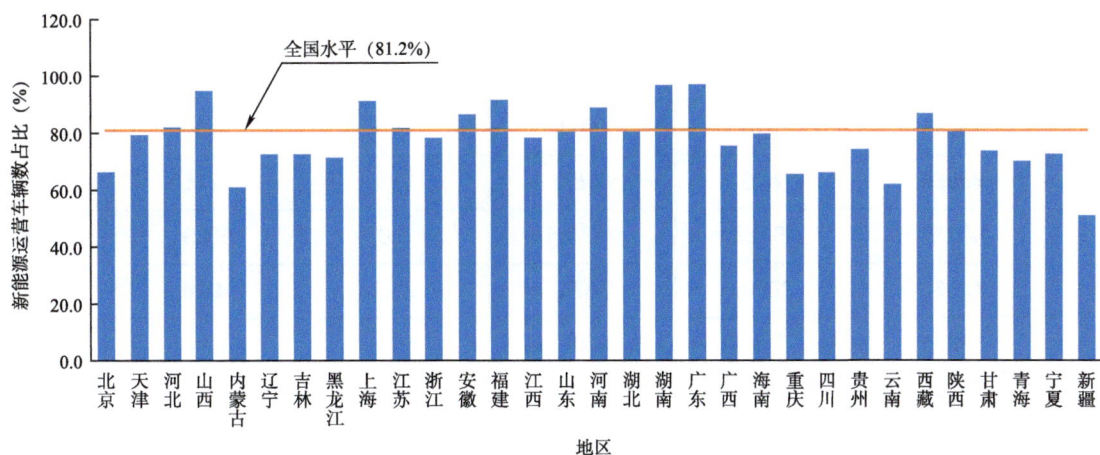

图 4-4　2023 年全国 31 个省（自治区、直辖市）新能源运营车辆数占比情况

2023 年全国 31 个省（自治区、直辖市）城市公共汽电车运营线路情况　　　表 4-4

地区	运营线路总长度（公里）		公交专用车道长度（公里）		运营线路条数（条）	
		比 2022 年新增		比 2022 年新增		比 2022 年新增
合计	1733852	69357	20275.7	405.3	79844	1824
北京	29739	−435	1005.0	0	1285	−6
天津	28889	1024	194.0	0	1022	7
河北	94909	8397	516.3	−4.8	3714	156
山西	54279	3769	601.9	7.4	2271	88
内蒙古	49371	2142	343.6	−9.9	1549	30
辽宁	43836	1252	1396.2	3.6	2289	46
吉林	50297	13165	336.2	0	1760	205
黑龙江	48838	81	275.4	0	2008	0
上海	24480	−404	514.3	22.6	1577	−12
江苏	125879	6672	1978.6	75.6	6304	277
浙江	175805	13466	908.1	−151.8	9034	649
安徽	90540	9396	895.4	61.2	3896	272
福建	48317	2089	293.7	19.0	2679	166
江西	56861	−830	589.2	13.0	2484	22
山东	182717	−3446	1699.1	65.6	6901	−106

地区	运营线路总长度（公里）		公交专用车道长度（公里）		运营线路条数（条）	
		比 2022 年新增		比 2022 年新增		比 2022 年新增
河南	55272	−1282	1918.2	147.2	2918	−63
湖北	49291	6018	718.5	24.1	2508	165
湖南	66965	7443	635.3	11.1	3275	215
广东	122074	−5259	1683.5	2.0	5689	−321
广西	42567	2080	387.2	26.7	1920	29
海南	13880	613	120.1	66.2	636	31
重庆	29687	−474	235.1	−28.1	1717	1
四川	61126	−4394	1055.6	−178.9	3660	−152
贵州	26088	−959	334.2	76.2	1306	−40
云南	56884	1549	291.5	31.4	2490	−36
西藏	3364	122	46.0	0	133	7
陕西	31043	2281	639.1	28.4	1627	85
甘肃	25333	2495	160.4	31.8	1112	49
青海	12208	8	75.4	0	518	−18
宁夏	11439	656	155.8	−1.9	541	11
新疆	21878	2123	272.9	67.7	1021	67

截至 2023 年底，全国 31 个省（自治区、直辖市）城市公共汽电车平均运营线路条数为 2576 条，10 个省的城市公共汽电车运营线路条数超过全国平均水平。2023 年全国 31 个省（自治区、直辖市）城市公共汽电车运营线路条数情况见图 4-5 和表 4-4。

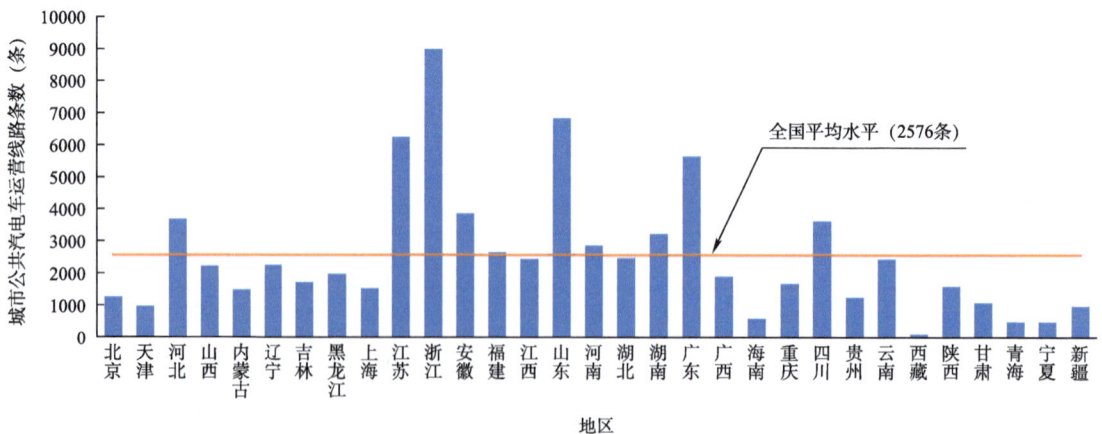

图 4-5　2023 年全国 31 个省（自治区、直辖市）城市公共汽电车运营线路条数情况

截至 2023 年底，全国 31 个省（自治区、直辖市）中有 14 个省（自治区）的城市公共汽电车运营线路条数同比增长率高于全国水平。2023 年全国 31 个省（自治区、直辖市）城市公共汽电车运营线路条数增长情况见图 4-6 和表 4-4。

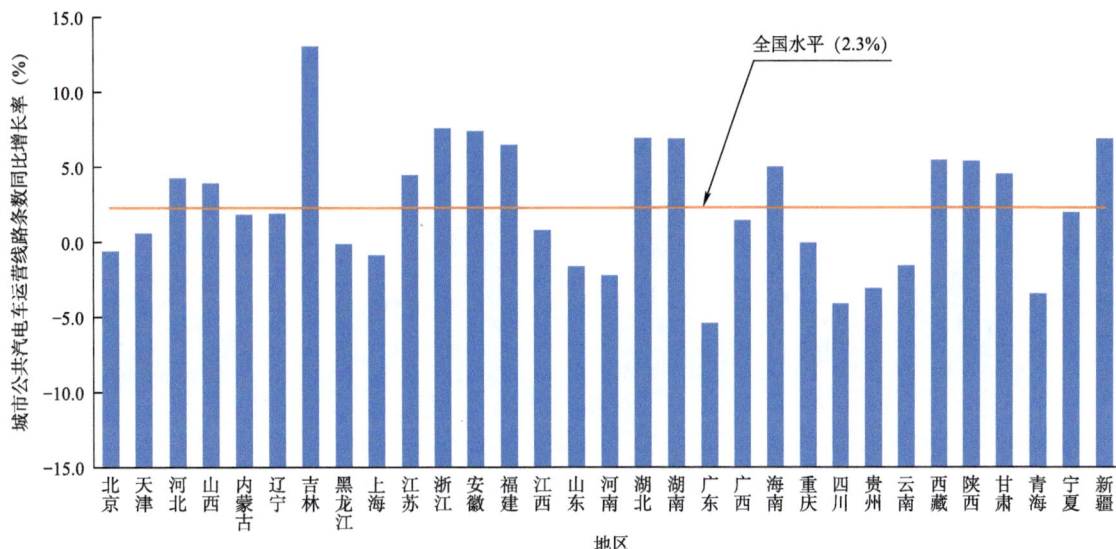

图 4-6　2023 年全国 31 个省（自治区、直辖市）城市公共汽电车运营线路条数增长情况

截至 2023 年底，全国 31 个省（自治区、直辖市）城市公共汽电车运营线路平均总长度为 5.59 万公里，其中 10 个省的城市公共汽电车运营线路总长度高于全国平均水平。2023 年全国 31 个省（自治区、直辖市）城市公共汽电车运营线路总长度情况见图 4-7 和表 4-4。

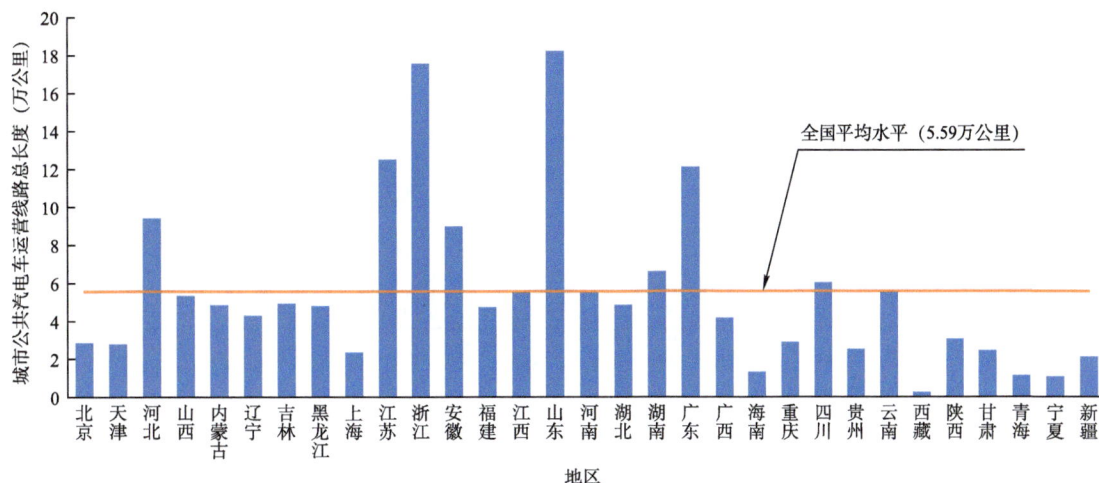

图 4-7　2023 年全国 31 个省（自治区、直辖市）城市公共汽电车运营线路总长度情况

截至 2023 年底，全国 31 个省（自治区、直辖市）中有 16 个省（自治区）的城市公共汽电车运营线路总长度同比增长率超过全国水平。2023 年全国 31 个省（自治区、直辖市）城市公共汽电车运营线路总长度增长情况见图 4-8 和表 4-4。

截至 2023 年底，全国 31 个省（自治区、直辖市）城市公共汽电车每条运营线路平均长度为 22 公里，14 个省（自治区、直辖市）的城市公共汽电车每条运营线路平均长度超过全国水平。2023 年全国 31 个省（自治区、直辖市）城市公共汽电车每条运营线路平均长度情况见图4-9。

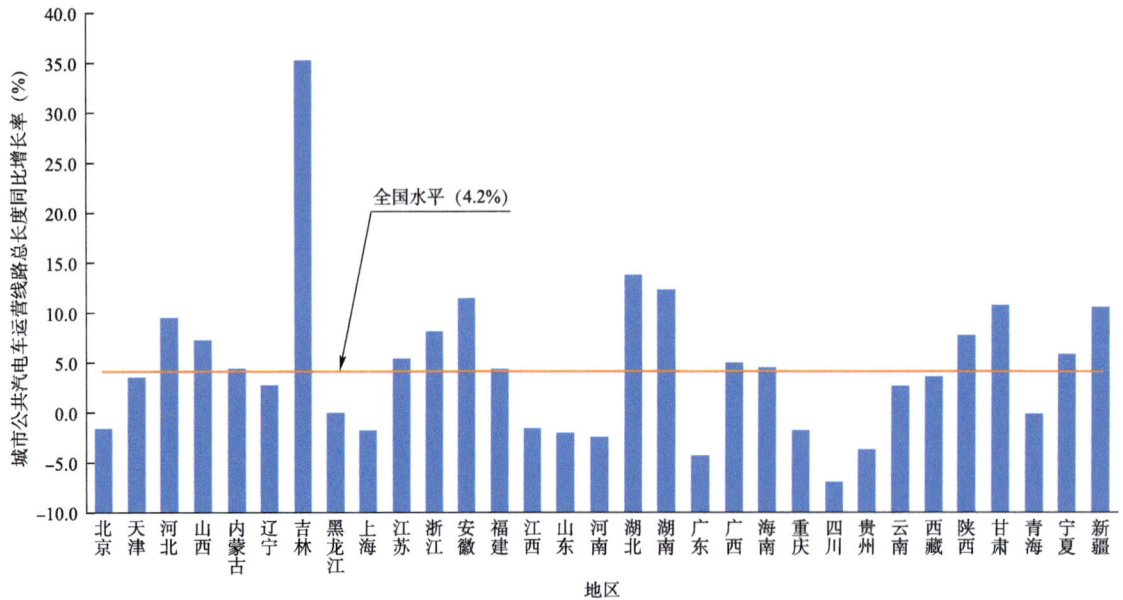

图4-8　2023年全国31个省（自治区、直辖市）城市公共汽电车运营线路总长度增长情况

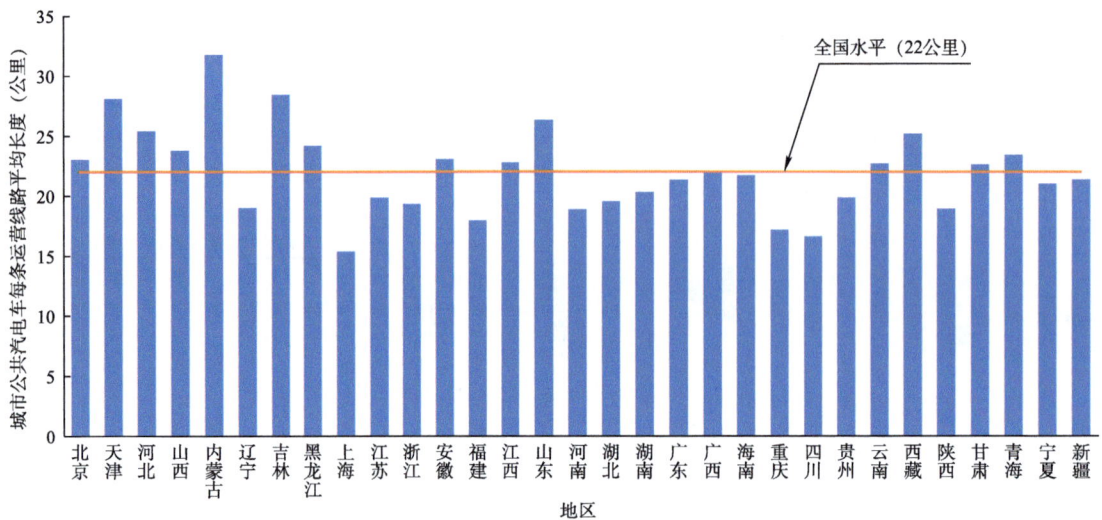

图4-9　2023年全国31个省（自治区、直辖市）城市公共汽电车每条运营线路平均长度情况

三、公共汽电车停保场

截至2023年底，全国城市公共汽电车停保场面积共计11290.5万平方米，比2022年增加382.7万平方米，同比增长3.5%。车均场站面积146.2平方米/标台，比2022年增加8.9平方米/标台，同比增长6.5%。2023年全国31个省（自治区、直辖市）城市公共汽电车停保场面积情况见表4-5。

2023 年全国 31 个省（自治区、直辖市）城市公共汽电车停保场面积情况　　**表 4-5**

地区	停保场面积（万平方米）		车均场站面积（平方米/标台）	
		比 2022 年新增		比 2022 年新增
合计	11290.5	382.7	146.2	8.9
北京	336.9	−7.2	108.9	−1.2
天津	122.9	2.8	118.5	26.5
河北	506.5	−26.1	140.0	−11.1
山西	281.3	6.5	162.6	8.8
内蒙古	221.5	23.6	175.8	11.5
辽宁	434.8	−55.0	162.0	−19.5
吉林	133.6	2.3	95.2	−2.3
黑龙江	212.0	1.0	97.9	6.6
上海	260.7	8.5	118.7	3.4
江苏	967.6	74.2	165.7	19.7
浙江	667.6	15.6	140.3	5.6
安徽	786.2	34.4	251.0	11.0
福建	358.4	42.1	163.1	24.5
江西	297.2	34.1	175.3	21.6
山东	1060.1	10.7	149.9	7.4
河南	701.3	23.9	186.3	16.7
湖北	513.5	41.5	177.8	19.4
湖南	455.9	41.9	122.0	10.2
广东	882.0	−12.0	124.6	3.9
广西	250.4	−4.0	169.2	4.1
海南	70.6	−6.8	137.4	−15.2
重庆	172.9	11.9	98.1	6.1
四川	503.5	45.5	137.5	21.0
贵州	175.1	2.8	138.8	6.1
云南	141.2	−15.3	91.0	−2.8
西藏	18.9	−0.4	184.1	−39.9
陕西	166.9	0.2	77.9	1.7
甘肃	146.0	25.3	130.8	24.3
青海	69.4	9.9	166.4	22.3

地区	停保场面积（万平方米）		车均场站面积（平方米/标台）	
		比2022年新增		比2022年新增
宁夏	109.9	7.5	203.5	4.0
新疆	265.6	43.4	203.9	40.6

截至2023年底，全国31个省（自治区、直辖市）城市公共汽电车平均停保场面积为364.2万平方米，11个省的城市公共汽电车停保场面积高于全国平均水平。2023年全国31个省（自治区、直辖市）城市公共汽电车停保场面积情况见图4-10和表4-5。

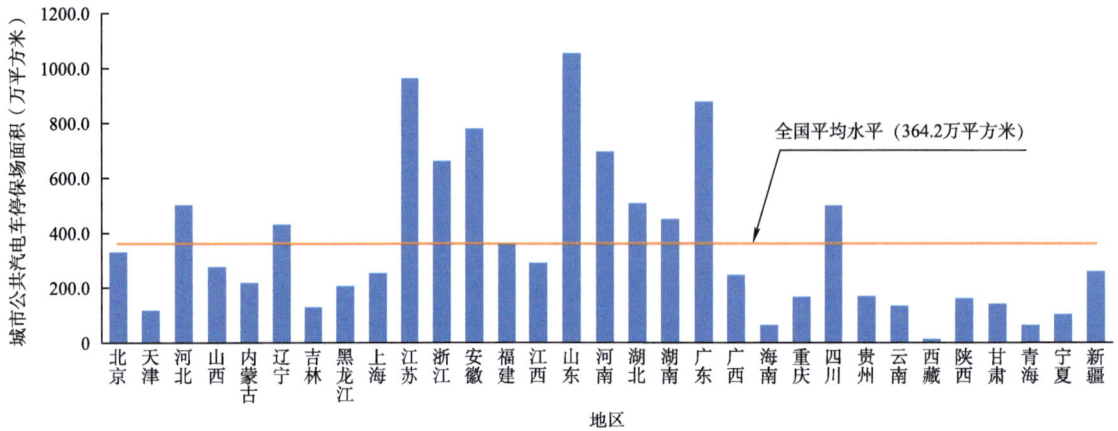

图4-10　2023年全国31个省（自治区、直辖市）城市公共汽电车停保场面积情况

截至2023年底，全国31个省（自治区、直辖市）中有14个省（自治区、直辖市）的城市公共汽电车停保场面积同比增长率超过全国水平。2023年全国31个省（自治区、直辖市）城市公共汽电车停保场面积增长情况见图4-11和表4-5。

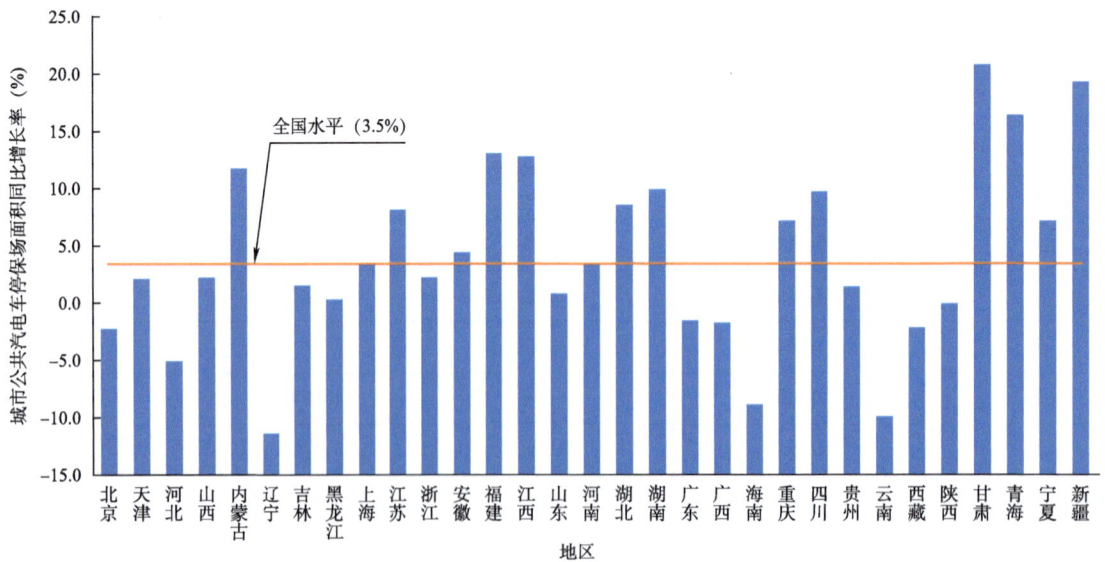

图4-11　2023年全国31个省（自治区、直辖市）城市公共汽电车停保场面积增长情况

截至 2023 年底，全国 31 个省（自治区、直辖市）中有 15 个省（自治区）的城市公共汽电车车均场站面积高于全国水平。2023 年全国 31 个省（自治区、直辖市）车均场站面积情况见图 4-12 和表 4-5。

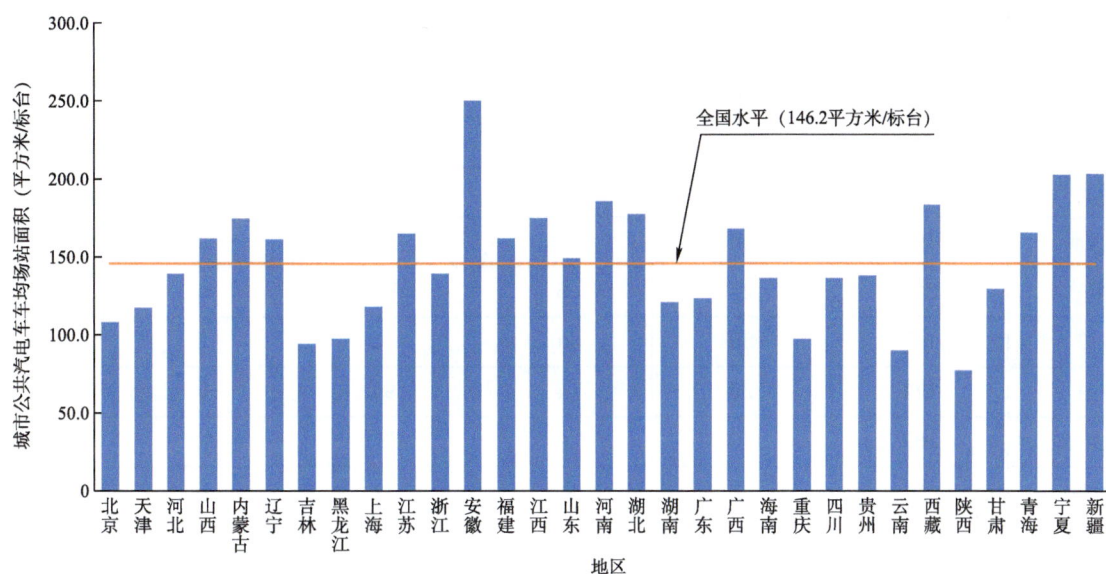

图 4-12　2023 年全国 31 个省（自治区、直辖市）城市公共汽电车车均场站面积情况

第二节　经营主体

截至 2023 年底，全国城市公共汽电车经营业户 4308 户，比 2022 年增加 64 户，同比增长 1.5%。其中国有企业 1458 户、国有控股企业 412 户、私营企业 2062 户、个体经营业户 97 户、其他性质经营业户 279 户，分别占全国城市公共汽电车经营业户的 33.8%、9.6%、47.9%、2.3% 和 6.5%。2023 年全国 31 个省（自治区、直辖市）城市公共汽电车经营业户数情况见图 4-13 和表 4-6。

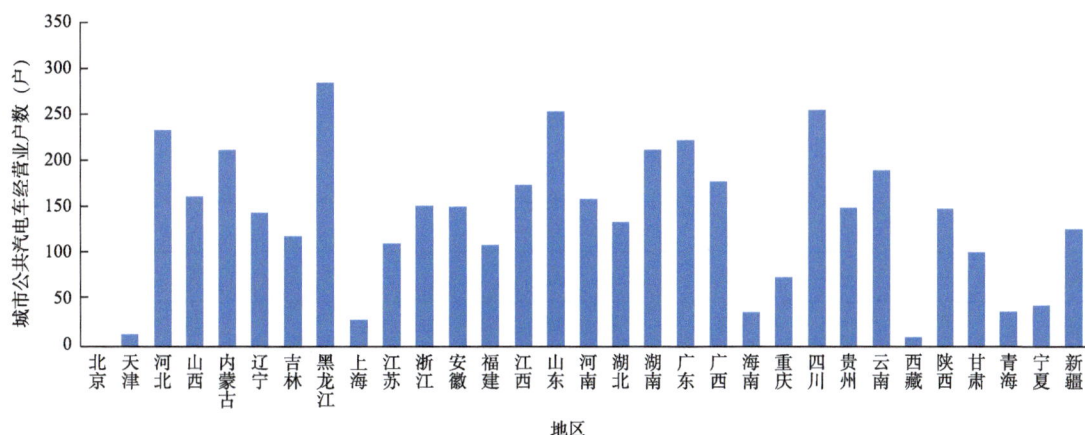

图 4-13　2023 年全国 31 个省（自治区、直辖市）城市公共汽电车经营业户数情况

2023 年全国 31 个省（自治区、直辖市）城市公共汽电车经营业户数情况　　表 4-6

地区	城市公共汽电车经营业户数（户）				
	国有企业	国有控股企业	私营企业	个体经营	其他
合计	4308	1458	412	2062	97	279
北京	1	1	0	0	0	0
天津	16	15	0	1	0	0
河北	236	25	49	65	0	97
山西	165	46	5	108	0	6
内蒙古	215	27	5	103	80	0
辽宁	147	50	20	75	1	1
吉林	121	23	4	91	0	3
黑龙江	287	30	4	238	15	0
上海	32	0	22	0	0	10
江苏	114	79	16	19	0	0
浙江	155	91	21	43	0	0
安徽	154	94	23	37	0	0
福建	112	81	14	17	0	0
江西	177	44	39	93	0	1
山东	256	110	34	100	0	12
河南	162	78	8	76	0	0
湖北	137	75	9	49	0	4
湖南	215	21	3	55	0	136
广东	225	67	45	104	0	9
广西	180	19	7	154	0	0
海南	39	12	5	22	0	0
重庆	77	43	8	26	0	0
四川	257	105	19	133	0	0
贵州	152	68	7	77	0	0
云南	192	67	13	112	0	0
西藏	13	12	0	0	1	0
陕西	151	43	16	92	0	0
甘肃	104	35	2	67	0	0
青海	40	16	0	24	0	0
宁夏	47	17	3	27	0	0
新疆	129	64	11	54	0	0

第三节　运营指标

2023 年，全国城市公共汽电车运营里程 310.84 亿公里，较 2022 年增加 19.25 亿公里，同比增长 6.6%。公共汽电车城市客运量 380.50 亿人次，公共汽电车城际城乡客运量 35.85 亿人次，合计较 2022 年增加 62.97 亿人次，同比增长 17.8%。2023 年全国 31 个省（自治区、直辖市）城市公共汽电车运营情况见表 4-7。

2023 年全国 31 个省（自治区、直辖市）城市公共汽电车运营情况　　表 4-7

地区	运营里程（万公里）	客运量（万人次）		单位运营里程载客量（人次／公里）
		城市客运量	城际城乡客运量	
合计	3108436	3804953	358474	1.34
北京	115100	178457	30199	1.81
天津	42312	45327	1938	1.12
河北	116224	87512	12302	0.86
山西	63705	90208	11142	1.59
内蒙古	50532	58688	3665	1.23
辽宁	88038	192287	7172	2.27
吉林	61346	96725	4209	1.65
黑龙江	81648	124380	7016	1.61
上海	96228	108158	269	1.13
江苏	243421	191858	20739	0.87
浙江	237649	164107	40556	0.86
安徽	134654	101696	22887	0.93
福建	104354	134250	11755	1.40
江西	68976	67206	10854	1.13
山东	256681	243085	26330	1.05
河南	131895	137275	8252	1.10
湖北	119191	175597	12834	1.58
湖南	113915	166748	19165	1.63
广东	326983	313150	23371	1.03
广西	64208	62003	7020	1.07
海南	25789	12516	1463	0.54
重庆	82870	196876	9573	2.49
四川	151692	270579	18810	1.91
贵州	54620	118900	11018	2.38
云南	60945	75297	8635	1.38
西藏	4570	7345	15	1.61
陕西	82934	141921	7070	1.80
甘肃	51656	100403	9688	2.13
青海	17137	27051	3828	1.80
宁夏	14953	22315	1338	1.58
新疆	44212	93032	5361	2.23

截至 2023 年底，全国 31 个省（自治区、直辖市）城市公共汽电车平均运营里程为 10.03 亿公里，12 个省（直辖市）的城市公共汽电车运营里程超过全国平均水平，19 个省（自治区、直辖市）的低于全国平均水平。2023 年全国 31 个省（自治区、直辖市）城市公共汽电车运营里程情况见图 4-14 和表 4-7。

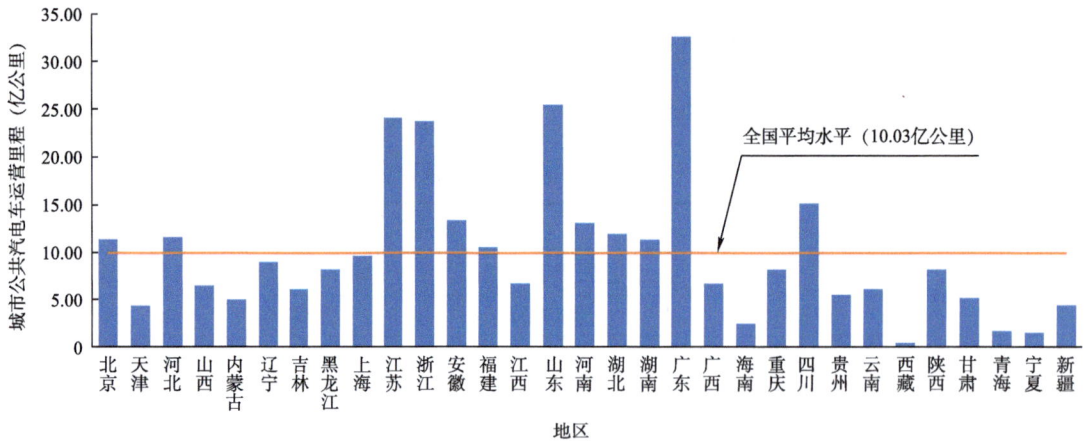

图 4-14 2023 年全国 31 个省（自治区、直辖市）城市公共汽电车运营里程情况

截至 2023 年底，全国 31 个省（自治区、直辖市）城市公共汽电车平均客运量为 13.43 亿人次，13 个省（直辖市）的城市公共汽电车客运量超过全国平均水平，18 个省（自治区、直辖市）的低于全国平均水平。2023 年全国 31 个省（自治区、直辖市）城市公共汽电车客运量情况见图 4-15 和表 4-7。

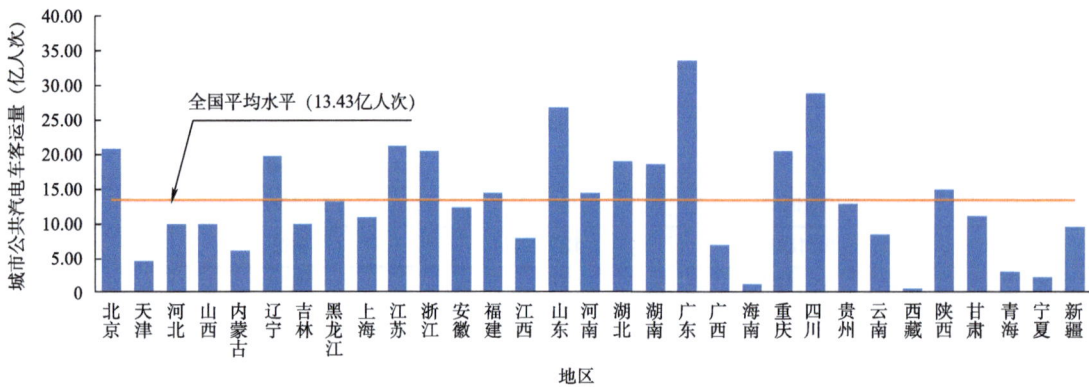

图 4-15 2023 年全国 31 个省（自治区、直辖市）城市公共汽电车客运量情况

截至 2023 年底，全国 31 个省（自治区、直辖市）中有 30 个省（自治区、直辖市）的城市公共汽电车客运量有所增加，其中吉林同比增长 50.2%，河南同比增长 49.7%，青海同比增长 46.8%。全国 31 个省（自治区、直辖市）中有 15 个省（自治区、直辖市）的城市公共汽电车客运量同比增长率高于全国水平，16 个省（自治区、直辖市）的低于全国水平。2023 年全国 31 个省（自治区、直辖市）城市公共汽电车客运量增长情况见图 4-16 和表 4-7。

2023 年，全国城市公共汽电车单位运营里程载客量为 1.34 人次 / 公里，比 2022 年增加 0.13 人次 / 公里。全国 31 个省（自治区、直辖市）中有 18 个省（自治区、直辖市）的城市公共汽电车单位运营里程载客量高于全国水平，13 个省（自治区、直辖市）的低于全国水平。2023 年全国 31 个省（自治区、直辖市）城市公共汽电车单位运营里程载客量情况见图 4-17 和表 4-7。

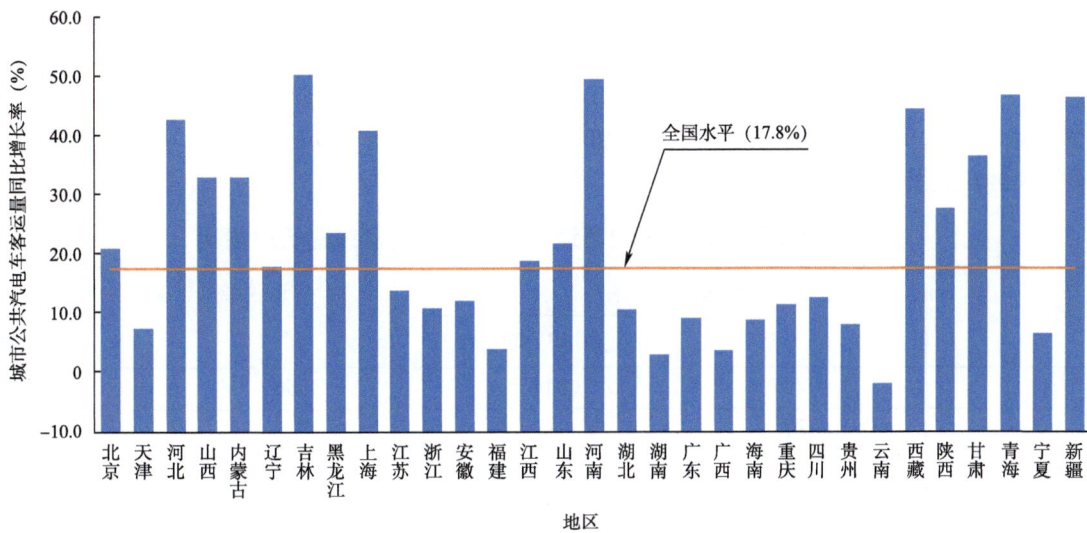

图 4-16　2023 年全国 31 个省（自治区、直辖市）城市公共汽电车客运量增长情况

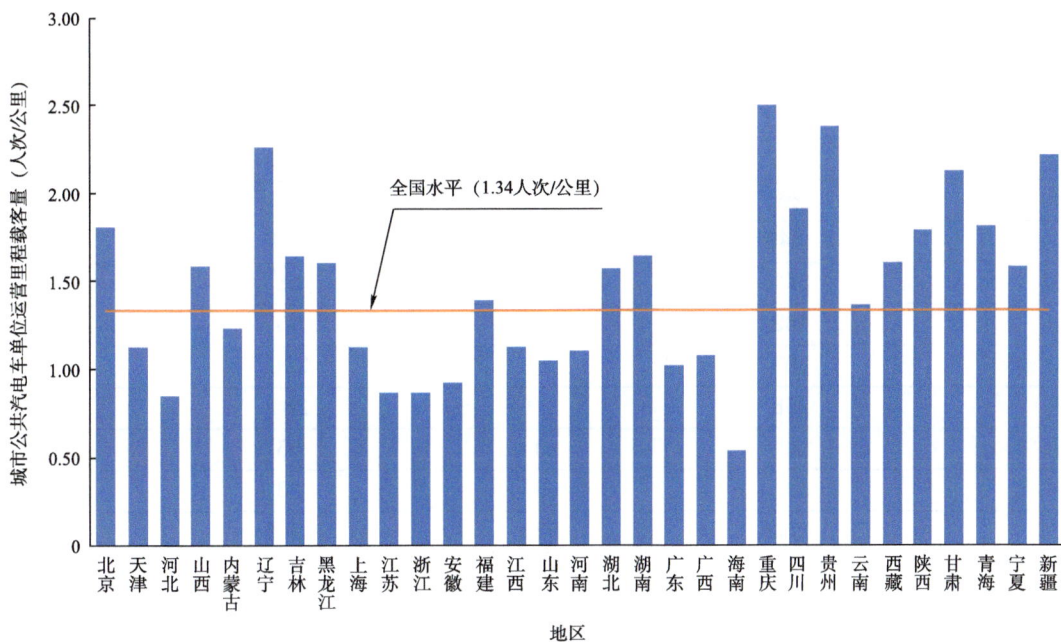

图 4-17　2023 年全国 31 个省（自治区、直辖市）城市公共汽电车单位运营里程载客量情况

第四节　快速公交系统（BRT）

一、总体情况

截至 2023 年底，全国有北京、大连、上海、常州、连云港、盐城、杭州、温州、绍兴、金华、舟山、

合肥、厦门、抚州、济南、枣庄、济宁、临沂、郑州、武汉、宜昌、常德、永州、广州、中山、南宁、柳州、成都、贵阳、兰州、银川、乌鲁木齐共 32 个城市开通了 BRT。2023 年无新增开通 BRT 城市。

截至 2023 年底，全国 BRT 运营车辆数为 10797 辆，比 2022 年增加 314 辆，同比增长 3.0%。全国 BRT 运营线路长度达 7656 公里，比 2022 年增加 301 公里，同比增长 4.1%。2023 年全国开通 BRT 城市运营车辆数和运营线路长度情况见表 4-8。

2023 年全国开通 BRT 城市运营车辆数和运营线路长度情况　　　　表 4-8

城市	运营车辆数（辆）		运营线路长度（公里）	
		比 2022 年新增		比 2022 年新增
合计	10797	314	7656	301
北京	273	−2	81	0
大连	48	0	14	0
上海	35	0	21	0
常州	273	29	262	24
连云港	195	−11	350	27
盐城	272	−29	446	39
杭州	31	−6	30	0
温州	418	−14	544	−42
绍兴	29	1	56	0
金华	266	13	288	0
舟山	26	−105	25	0
合肥	1149	11	151	0
厦门	341	−36	55	−5
抚州	142	0	13	0
济南	303	10	200	0
枣庄	208	20	281	0
济宁	38	0	56	0
临沂	20	0	13	0
郑州	2582	620	1405	169
武汉	30	0	12	0
宜昌	455	−40	513	2
常德	158	0	55	0
永州	60	0	38	0
广州	917	−3	917	33
中山	620	0	260	0
南宁	60	0	48	0
柳州	159	0	369	−27
成都	772	−129	600	67
贵阳	172	−3	362	4
兰州	70	0	14	0
银川	151	51	75	25
乌鲁木齐	524	−63	102	−14

二、运营车辆

截至 2023 年底，全国开通 BRT 城市的平均运营车辆数为 337 辆，9 个城市超过全国平均水平。其中高于 1000 辆的城市有 2 个，分别为合肥 1149 辆、郑州 2582 辆。2023 年全国 BRT 运营车辆数情况见图 4-18 和表 4-8。

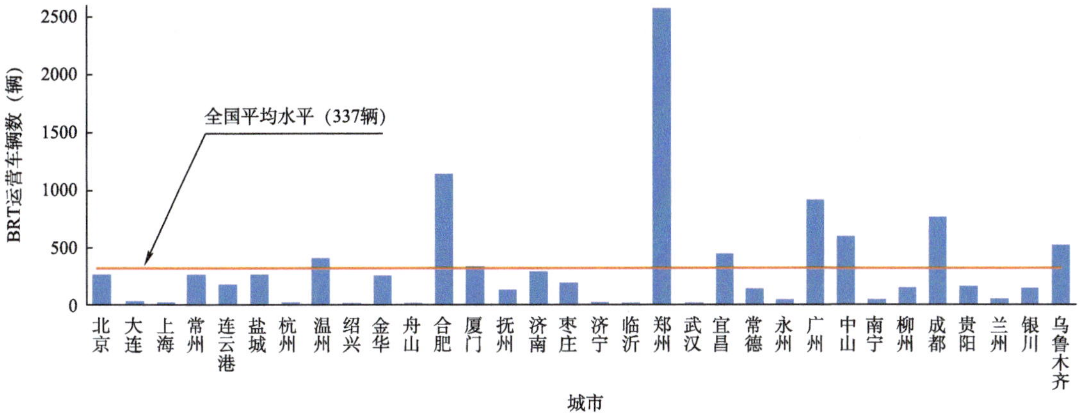

图 4-18　2023 年全国 BRT 运营车辆数情况

截至 2023 年底，常州、绍兴等 7 个城市的 BRT 运营车辆同比增长率超过全国水平。2023 年全国 BRT 运营车辆数增长情况见图 4-19 和表 4-8。

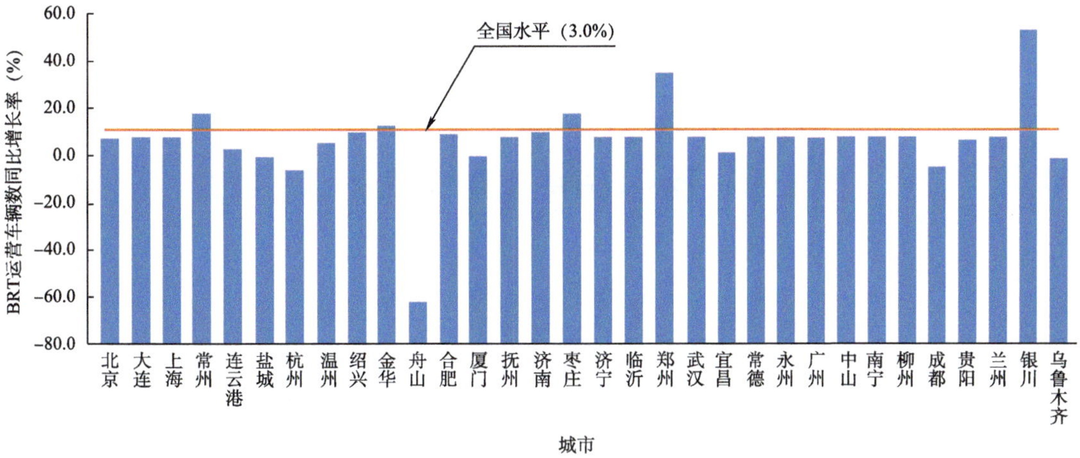

图 4-19　2023 年全国 BRT 运营车辆数增长情况

三、运营线路

截至 2023 年底，全国开通 BRT 城市的运营线路平均长度为 239 公里，13 个城市超过全国平均水平。2023 年全国 BRT 运营线路长度见图 4-20 和表 4-8。

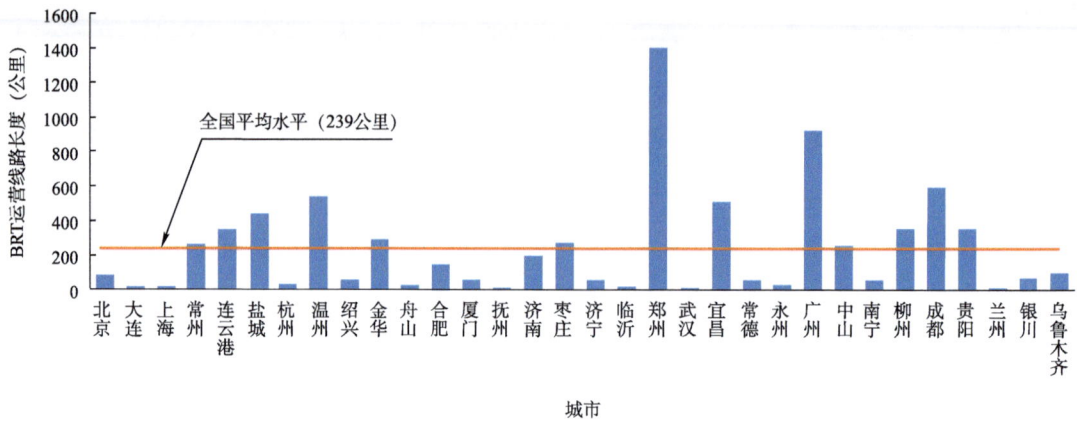

图 4-20　2023 年全国 BRT 运营线路长度情况

截至 2023 年底，常州、连云港等 6 个城市的 BRT 运营线路长度同比增长率超过全国水平。2023 年全国 BRT 运营线路长度增长情况见图 4-21 和表 4-8。

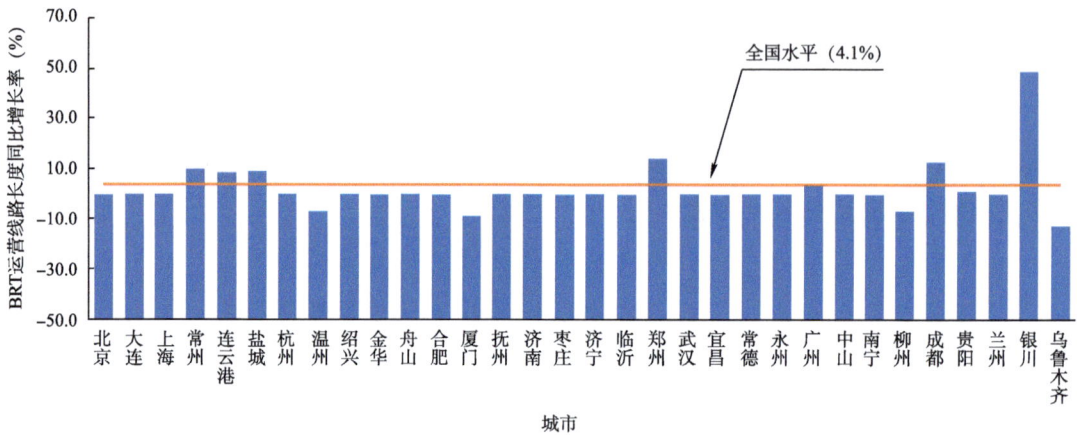

图 4-21　2023 年全国 BRT 运营线路长度增长情况

第五章 城市轨道交通

截至 2023 年底，全国已有北京、天津、石家庄、太原、呼和浩特、沈阳、大连、长春、哈尔滨、上海、南京、无锡、徐州、常州、苏州、昆山、南通、淮安、镇江（句容）、杭州、宁波、温州、绍兴、嘉兴、海宁、合肥、芜湖、福州、厦门、南昌、济南、青岛、郑州、洛阳、武汉、黄石、长沙、广州、佛山、深圳、珠海、东莞、南宁、三亚、重庆、成都、昆明、西安、咸阳、贵阳、兰州、乌鲁木齐、文山、红河、天水 55 个城市开通了城市轨道交通线路，其中 2023 年新增城市 2 个，分别为红河、咸阳。

行业规模方面，全国开通城市轨道交通运营里程 10158.6 公里，年度新增运营里程 604.0 公里，同比增长 6.3%。全国共开通城市轨道交通运营线路 308 条，比 2022 年新增 16 条，同比增长 5.5%。

设施设备方面，全国共有城市轨道交通车站 5923 个，比 2022 年新增 326 个，同比增长 5.8%。其中换乘站 723 个，比 2022 年新增 60 个，同比增长 9.0%。配属车辆共计 66659 辆，比 2022 年新增 4102 辆，同比增长 6.6%。

从业人员方面，全国共有城市轨道交通运营员工 435261 人，同比增长 4.2%，其中工人或生产人员 368810 人、工程技术人员 29341 人、管理人员 23668 人、其他人员 13442 人，全国城市轨道交通经营业户 94 户。

运营指标方面，全年累计完成城市轨道交通客运量 293.9 亿人次，占城市客运行业总客运量的 30.9%，比 2022 年增加 100.8 亿人次，同比增长 52.2%。全年完成城市轨道交通客运周转量达 2465.6 亿人公里，比 2022 年增加 835.8 亿人公里，同比增长 51.3%。

2023 年全国城市轨道交通总体发展情况见表 5-1。

2023 年全国城市轨道交通总体发展情况　　　　　　　　　　表 5-1

数据类型	单位	2023 年	比 2022 年新增	同比增长率（%）
开通运营城市数	个	55	2	3.8
运营线路条数	条	308	16	5.5
运营里程	公里	10158.6	604.0	6.3
车站数	个	5923	326	5.8
换乘站数	个	723	60	9.0
配属车辆数	辆	66659	4102	6.6
经营业户数	户	94	7	8.0
运营员工数	人	435261	17596	4.2
客运量	亿人次	293.9	100.8	52.2
客运周转量	亿人公里	2465.6	835.8	51.3

第一节　行业规模

截至 2023 年底，全国共计开通城市轨道交通运营线路 308 条，同比增长 5.5%。运营里程 10158.6 公里，同比增长 6.3%，其中地铁 9042.3 公里、轻轨 267.5 公里、单轨 144.7 公里、有轨电车 443.4 公里、磁悬浮 57.8 公里、自动导向 6.0 公里、市域快速轨道 196.9 公里。车站 5923 个，同比增长 5.8%，其中换乘站 723 个，同比增长 9.0%。配属车辆共计 66659 辆，同比增长 6.6%。2023 年我国城市轨道交通运营员工 435261 人，经营业户 94 户。

一、运营线路

截至 2023 年底，我国已有 55 个城市开通了城市轨道交通线路，运营线路增长主要呈现出以下几个特点：

（1）运营里程稳步增长，趋势明显放缓。2023 年我国城市轨道交通新增运营里程 604.0 公里，同比增长 6.3%，增长率较 2022 年明显放缓。2014—2023 年我国城市轨道交通运营里程变化情况如图 5-1 所示。

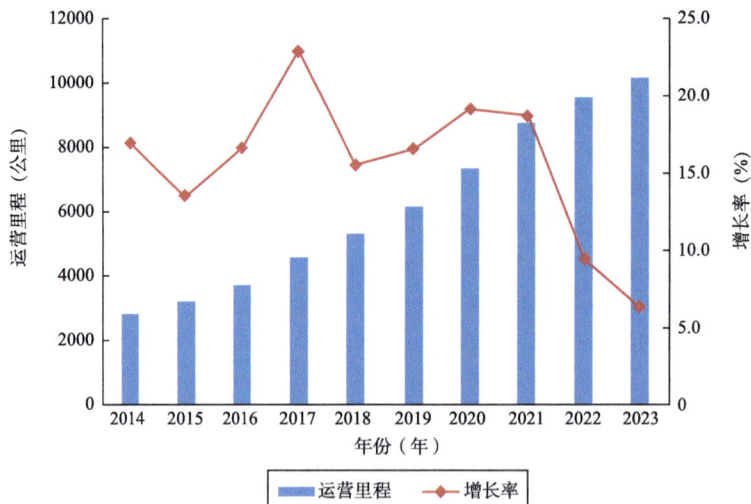

图 5-1　2014—2023 年我国城市轨道交通运营里程变化情况

具体到城市来看，北京和上海轨道交通运营里程领跑全国，是仅有的两个超过 800 公里的城市，其中北京运营里程于 2023 年反超上海，为 836 公里；广州、成都、深圳、武汉、杭州紧随其后，运营里程均超过 500 公里；此外，重庆新增运营里程超过 50 公里，沈阳、郑州、成都、贵阳、苏州新增运营里程超过 40 公里。2023 年我国各城市轨道交通运营里程及详细变化情况见图 5-2 和表 5-2。

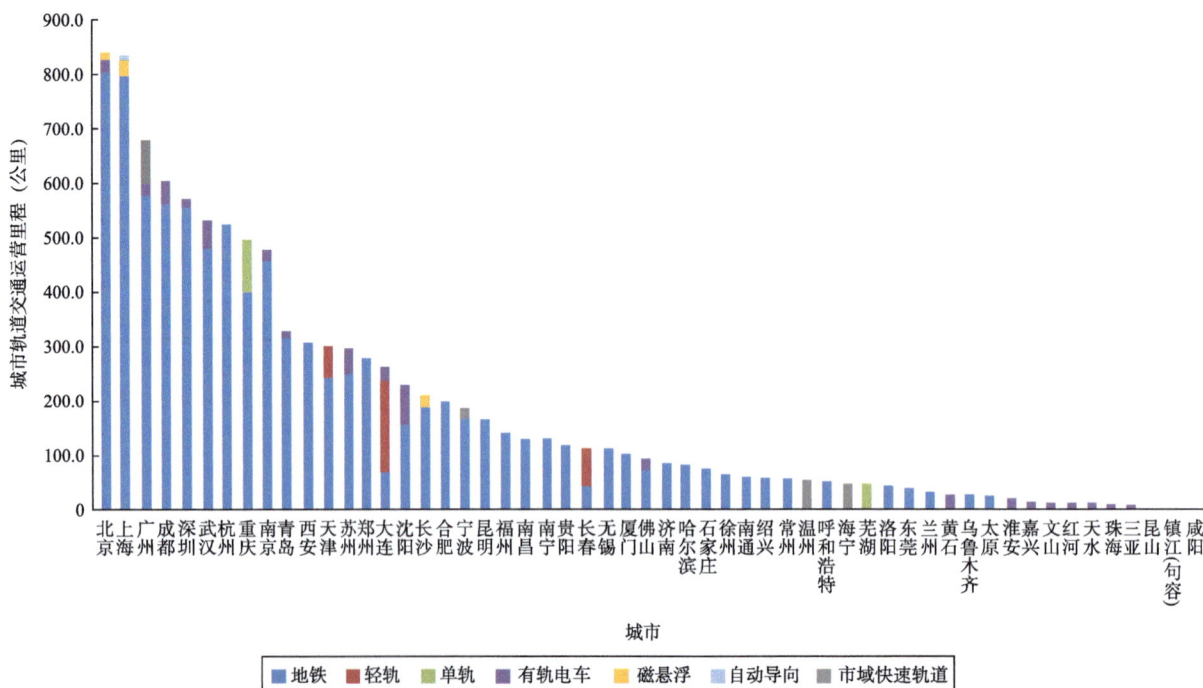

图 5-2　2023 年我国各城市轨道交通运营里程情况

2023 年我国各城市轨道交通运营里程详细变化情况　　表 5-2

城市	运营里程（公里）								同比增长率（%）
	小计	地铁	轻轨	单轨	有轨电车	磁悬浮	自动导向	市域快速轨道	
合计	10158.6	9042.3	267.5	144.7	443.4	57.8	6.0	196.9	6.3
北京	836.0	804.8	—	—	21.0	10.2	—	—	4.9
天津	298.3	246.0	52.3	—	—	—	—	—	1.8
石家庄	74.3	74.3	—	—	—	—	—	—	0
太原	23.3	23.3	—	—	—	—	—	—	0
呼和浩特	49.0	49.0	—	—	—	—	—	—	0
沈阳	228.2	159.6	—	—	68.6	—	—	—	24.9
大连	260.5	90.1	147.0	—	23.4	—	—	—	10.4
长春	111.2	43.0	68.2	—	—	—	—	—	4.2
哈尔滨	82.1	82.1	—	—	—	—	—	—	5.1
上海	831.0	796.0	—	—	—	29.0	6.0	—	0
南京	476.4	459.7	—	—	16.7	—	—	—	2.3
无锡	110.8	110.8	—	—	—	—	—	—	0
徐州	64.1	64.1	—	—	—	—	—	—	0
常州	54.0	54.0	—	—	—	—	—	—	0
苏州	295.4	251.2	—	—	44.2	—	—	—	16.2
昆山	—	—	—	—	—	—	—	—	—
南通	58.8	58.8	—	—	—	—	—	—	50.0
淮安	20.1	—	—	—	20.1	—	—	—	0
镇江（句容）	—	—	—	—	—	—	—	—	—
杭州	521.2	521.2	—	—	—	—	—	—	1.8
宁波	185.1	163.6	—	—	—	—	—	21.5	0
温州	52.5	—	—	—	—	—	—	52.5	0
绍兴	57.9	57.9	—	—	—	—	—	—	22.9
嘉兴	13.8	—	—	—	13.8	—	—	—	0
海宁	46.4	—	—	—	—	—	—	46.4	0
合肥	197.0	197.0	—	—	—	—	—	—	15.2
芜湖	46.2	—	—	46.2	—	—	—	—	0
福州	139.0	139.0	—	—	—	—	—	—	25.6
厦门	98.4	98.4	—	—	—	—	—	—	0
南昌	128.5	128.5	—	—	—	—	—	—	0
济南	84.1	84.1	—	—	—	—	—	—	0
青岛	326.3	317.5	—	—	8.8	—	—	—	1.0

城市	运营里程（公里）								同比增长率（%）
	小计	地铁	轻轨	单轨	有轨电车	磁悬浮	自动导向	市域快速轨道	
郑州	277.1	277.1	—	—	—	—	—	—	19.2
洛阳	43.5	43.5	—	—	—	—	—	—	0
武汉	529.6	480.5	—	—	49.1	—	—	—	5.0
黄石	26.9	—	—	—	26.9	—	—	—	0
长沙	209.7	191.1	—	—	—	18.6	—	—	0
广州	674.8	576.2	—	—	22.1	—	—	76.5	4.9
深圳	567.1	555.4	—	—	11.7	—	—	—	1.3
珠海	8.8	—	—	—	8.8	—	—	—	0
佛山	93.9	73.1	—	—	20.8	—	—	—	0
东莞	37.8	37.8	—	—	—	—	—	—	0
南宁	128.2	128.2	—	—	—	—	—	—	0
三亚	8.4	—	—	—	8.4	—	—	—	0
重庆	493.7	395.2	—	98.5	—	—	—	—	13.6
成都	601.7	562.4	—	—	39.3	—	—	—	7.9
贵阳	116.9	116.9	—	—	—	—	—	—	57.1
昆明	165.9	165.9	—	—	—	—	—	—	19.0
文山	13.4	—	—	—	13.4	—	—	—	0
红河	13.4	—	—	—	13.4	—	—	—	—
西安	304.7	304.7	—	—	—	—	—	—	11.9
咸阳	—	—	—	—	—	—	—	—	—
兰州	33.5	33.5	—	—	—	—	—	—	31.4
天水	12.9	—	—	—	12.9	—	—	—	0
乌鲁木齐	26.8	26.8	—	—	—	—	—	—	0

注：1. 上海地铁11号线、广佛线、南京地铁S6号线、西安地铁1号线（咸阳段）四条线路是跨城市运行的城市轨道交通线路，其中上海地铁11号线跨越上海市和江苏省昆山市，广佛线跨越广州市和佛山市，南京地铁S6号线跨越南京市和镇江市（句容市），西安地铁1号线（咸阳段）跨越西安市和咸阳市。上述四条线路的运营里程不单独统计，已分别计入上海市、广州市、南京市和西安市。

2. 因红河为2023年新开通运营的城市，故不计算运营里程同比增长率。

（2）城市轨道交通运营网络化效应逐步加强。截至2023年底，我国步入或基本步入网络化运营的城市共有26个，分别为北京、上海、广州、深圳、武汉、南京、成都、杭州、沈阳、重庆、郑州、天津、西安、大连、苏州、青岛、长沙、宁波、昆明、长春、合肥、福州、南宁、无锡、南昌、佛山，较2022年新增1个城市。2023年我国各城市轨道交通运营线路条数及详细变化情况见图5-3和表5-3。

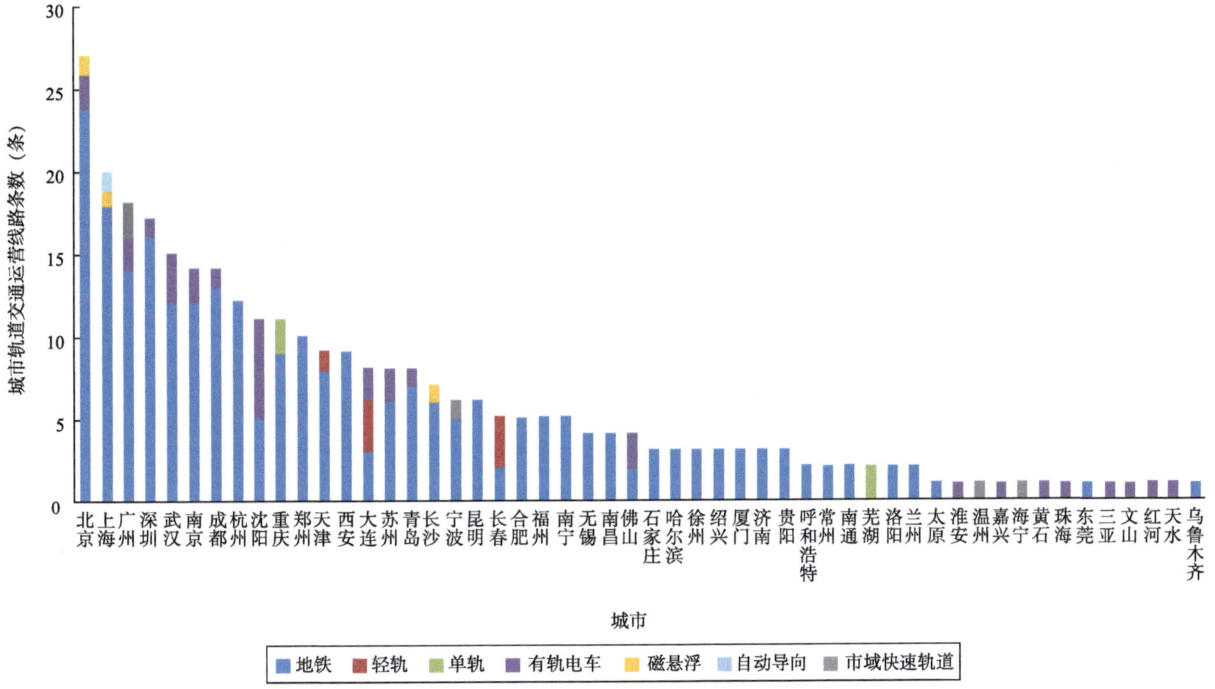

图 5-3　2023 年我国各城市轨道交通运营线路条数情况

2023 年我国各城市轨道交通运营线路条数详细变化情况　　　　表 5-3

城市	运营线路条数（条）								同比增长率（%）
	小计	地铁	轻轨	单轨	有轨电车	磁悬浮	自动导向	市域快速轨道	
合计	308	256	7	4	32	3	1	5	5.5
北京	27	24	—	—	2	1	—	—	0
天津	9	8	1	—	—	—	—	—	0
石家庄	3	3	—	—	—	—	—	—	0
太原	1	1	—	—	—	—	—	—	0
呼和浩特	2	2	—	—	—	—	—	—	0
沈阳	11	5	—	—	6	—	—	—	10.0
大连	8	3	3	—	2	—	—	—	14.3
长春	5	2	3	—	—	—	—	—	0
哈尔滨	3	3	—	—	—	—	—	—	0
上海	20	18	—	—	—	1	1	—	0
南京	14	12	—	—	2	—	—	—	0
无锡	4	4	—	—	—	—	—	—	0
徐州	3	3	—	—	—	—	—	—	0
常州	2	2	—	—	—	—	—	—	0

续上表

城市	运营线路条数（条）								同比增长率（%）
	小计	地铁	轻轨	单轨	有轨电车	磁悬浮	自动导向	市域快速轨道	
苏州	8	6	—	—	2	—	—	—	14.3
昆山	—	—	—	—	—	—	—	—	—
南通	2	2	—	—	—	—	—	—	100.0
淮安	1	—	—	—	1	—	—	—	0
镇江（句容）	—	—	—	—	—	—	—	—	—
杭州	12	12	—	—	—	—	—	—	0
宁波	6	5	—	—	—	—	—	1	0
温州	1	—	—	—	—	—	—	1	0
绍兴	3	3	—	—	—	—	—	—	50.0
嘉兴	1	—	—	—	1	—	—	—	0
海宁	1	—	—	—	—	—	—	1	0
合肥	5	5	—	—	—	—	—	—	0
芜湖	2	—	—	2	—	—	—	—	0
福州	5	5	—	—	—	—	—	—	25.0
厦门	3	3	—	—	—	—	—	—	0
南昌	4	4	—	—	—	—	—	—	0
济南	3	3	—	—	—	—	—	—	0
青岛	8	7	—	—	1	—	—	—	0
郑州	10	10	—	—	—	—	—	—	25.0
洛阳	2	2	—	—	—	—	—	—	0
武汉	15	12	—	—	3	—	—	—	7.1
黄石	1	—	—	—	1	—	—	—	0
长沙	7	6	—	—	—	1	—	—	0
广州	18	14	—	—	2	—	—	2	0
深圳	17	16	—	—	1	—	—	—	0
珠海	1	—	—	—	1	—	—	—	0
佛山	4	2	—	—	2	—	—	—	0
东莞	1	1	—	—	—	—	—	—	0
南宁	5	5	—	—	—	—	—	—	0
三亚	1	—	—	—	1	—	—	—	0
重庆	11	9	—	2	—	—	—	—	10.0
成都	14	13	—	—	1	—	—	—	7.7
贵阳	3	3	—	—	—	—	—	—	50.0

城市	运营线路条数（条）								同比增长率（%）
	小计	地铁	轻轨	单轨	有轨电车	磁悬浮	自动导向	市域快速轨道	
昆明	6	6	—	—	—	—	—	—	20.0
文山	1	—	—	—	1	—	—	—	0
红河	1	—	—	—	1	—	—	—	—
西安	9	9	—	—	—	—	—	—	12.5
咸阳	—	—	—	—	—	—	—	—	—
兰州	2	2	—	—	—	—	—	—	100.0
天水	1	—	—	—	1	—	—	—	0
乌鲁木齐	1	1	—	—	—	—	—	—	0

注：1. 上海地铁 11 号线、广佛线、南京地铁 S6 号线、西安地铁 1 号线（咸阳段）四条线路是跨城市运行的城市轨道交通线路，其中上海地铁 11 号线跨越上海市和江苏省昆山市，广佛线跨越广州市和佛山市，南京地铁 S6 号线跨越南京市和镇江市（句容市），西安地铁 1 号线（咸阳段）跨越西安市和咸阳市。上述四条线路的运营线路条数不单独统计，已分别计入上海市、广州市、南京市和西安市。

2. 因红河为 2023 年新开通运营的城市，故不计算运营线路条数同比增长率。

（3）地铁制式仍然占主体地位，其他制式占比基本维持不变。在城市轨道交通 7 种制式中，地铁仍居主体地位，运营里程达 9042.3 公里，占 89.0%，其他制式（包括轻轨、单轨、有轨电车、磁悬浮、自动导向、市域快速轨道）运营里程占 11.0%，较 2022 年基本持平。北京、大连、上海和广州拥有 3 种城市轨道交通制式，深圳、武汉、南京、成都、沈阳、重庆、天津、苏州、青岛、长沙、宁波、长春、佛山 13 个城市拥有 2 种城市轨道交通制式。2023 年我国城市轨道交通各制式运营里程占比情况见图 5-4。

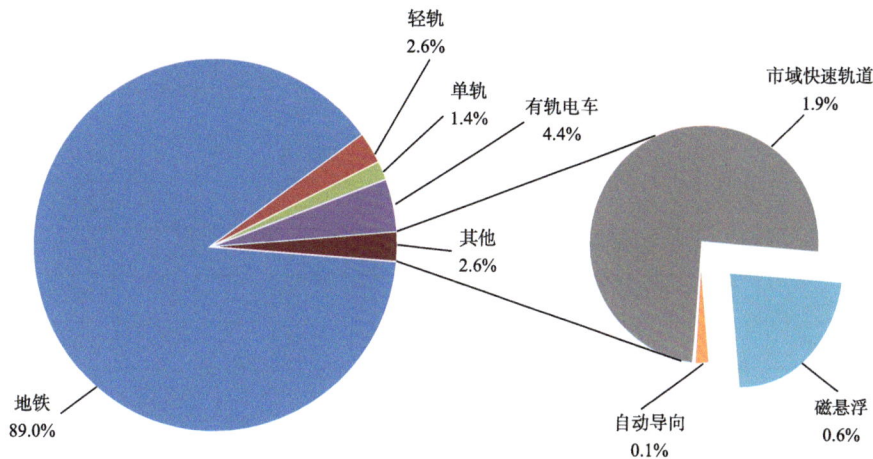

图 5-4　2023 年我国城市轨道交通各制式运营里程占比情况

二、车站

截至 2023 年底，我国城市轨道交通共有车站 5923 个，比 2022 年新增 327 个，同比增长 5.8%。其中换乘站 723 个，比 2022 年新增 60 个，同比增长 9.0%，换乘车站数占车站总数的 12.2%。2023 年我国各城市轨道交通车站数量及换乘站占比情况见图 5-5。

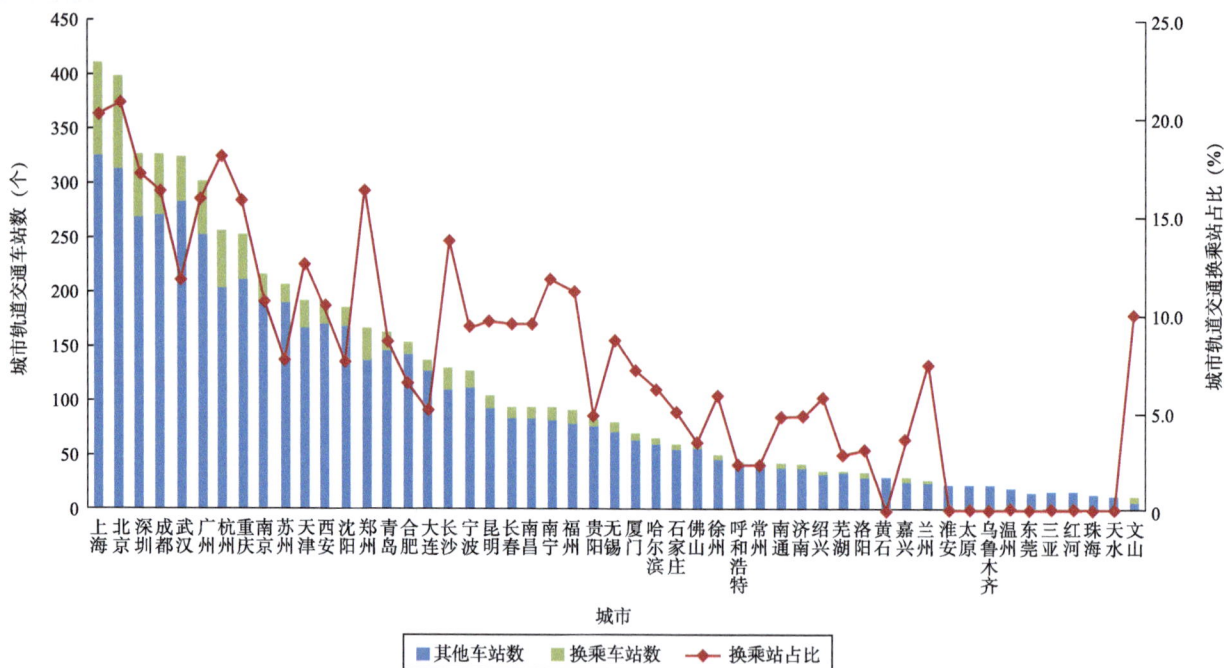

图 5-5　2023 年我国各城市轨道交通车站数量及换乘站占比情况

从各城市轨道交通车站数量变化情况看，2023 年，南通、贵阳、兰州车站数同比增长率为 30% 以上，其中南通车站数同比增长率最高，为 50%。2023 年我国各城市轨道交通车站数量变化情况见表 5-4。

2023 年我国各城市轨道交通车站数量变化情况　　　　　　表 5-4

城市	车站总数（个）		换乘车站数（个）		换乘车站数占车站总数的比例（%）	同比增长率（%）
		比 2022 年新增		比 2022 年新增		
合计	5923	326	723	60	12.2	5.8
北京	398	15	83	5	20.9	3.9
天津	192	11	24	1	12.5	6.1
石家庄	60	0	3	0	5.0	0
太原	22	0	0	0	0	0
呼和浩特	43	0	1	0	2.3	0
沈阳	185	26	14	4	7.6	16.4
大连	136	15	7	3	5.1	12.4
长春	94	5	9	0	9.6	5.6
哈尔滨	66	4	4	0	6.1	6.5
上海	410	0	83	0	20.2	0
南京	216	6	23	3	10.6	2.9
无锡	80	0	7	0	8.8	0
徐州	51	0	3	0	5.9	0

续上表

城市	车站总数（个）		换乘车站数（个）		换乘车站数占车站总数的比例（%）	同比增长率（%）
		比2022年新增		比2022年新增		
常州	43	0	1	0	2.3	0
苏州	207	23	16	1	7.7	12.5
昆山	—	—	—	—	—	—
南通	42	14	2	2	4.8	50.0
淮安	23	0	0	0	0	0
镇江（句容）	—	—	—	—	—	—
杭州	256	−1	46	−6	18.0	—
宁波	127	0	12	0	9.4	0
温州	18	0	0	0	0	0
绍兴	35	8	2	1	5.7	29.6
嘉兴	28	0	1	0	3.6	0
海宁	—	—	—	—	—	—
合肥	154	21	10	0	6.5	15.8
芜湖	35	0	1	0	2.9	0
福州	90	16	10	6	11.1	21.6
厦门	70	4	5	0	7.1	6.1
南昌	94	0	9	0	9.6	0
济南	41	1	2	0	4.9	2.5
青岛	162	16	14	1	8.6	11.0
郑州	166	18	27	9	16.3	12.2
洛阳	33	0	1	0	3.0	0
武汉	323	8	38	0	11.8	2.5
黄石	29	0	0	0	0	0
长沙	130	0	18	0	13.8	0
广州	302	11	48	5	15.9	3.8
深圳	326	4	56	0	17.2	1.2
珠海	14	0	0	0	0	0
佛山	59	0	2	0	3.4	0
东莞	15	0	0	0	0	0
南宁	93	0	11	0	11.8	0
三亚	15	0	0	0	0	0
重庆	253	30	40	11	15.8	13.5
成都	326	4	53	7	16.3	1.2
贵阳	82	27	4	2	4.9	49.1

续上表

城市	车站总数（个）	比 2022 年新增	换乘车站数（个）	比 2022 年新增	换乘车站数占车站总数的比例（%）	同比增长率（%）
昆明	103	0	10	0	9.7	0
文山	10	0	1	0	10.0	0
红河	15	15	0	0	0	—
西安	191	18	20	3	10.5	10.4
咸阳	—	—	—	—	—	—
兰州	27	7	2	2	7.4	35.0
天水	12	0	0	0	0	0
乌鲁木齐	21	0	0	0	0	0

注：1. 上海地铁 11 号线、广佛线、南京地铁 S6 号线、西安地铁 1 号线（咸阳段）四条线路是跨城市运行的城市轨道交通线路，其中上海地铁 11 号线跨越上海市和江苏省昆山市，广佛线跨越广州市和佛山市，南京地铁 S6 号线跨越南京市和镇江市（句容市），西安地铁 1 号线（咸阳段）跨越西安市和咸阳市。上述四条线路的车站个数不单独统计，已分别计入上海市、广州市、南京市和西安市。

2. 海宁车站数由嘉兴统一填报，包含在嘉兴数据内。

3. 因红河为 2023 年新开通运营的城市，故不计算车站数同比增长率。

4. 因杭州换乘站统计口径发生变化，将换乘站计多座改为换乘站仅计 1 座，杭州车站数较 2022 年有所减少，故不统计车站数同比增长率。

三、车站出入口

2023 年，我国城市轨道交通车站出入口数量为 21559 个，有 8 个城市车站出入口数量超过 1000 个，分别是深圳、上海、北京、武汉、成都、杭州、广州、重庆，其中深圳车站出入口数量最多，为 1690 个。2023 年我国各城市轨道交通车站出入口数量情况见表 5-5。

2023 年我国各城市轨道交通车站出入口数量情况　　　　表 5-5

城市	车站出入口数量（个）	城市	车站出入口数量（个）
合计	21559	厦门	272
北京	1553	南昌	323
天津	616	济南	141
石家庄	224	青岛	426
太原	94	郑州	646
呼和浩特	151	洛阳	129
沈阳	453	武汉	1319
大连	252	黄石	49
长春	225	长沙	483
哈尔滨	232	广州	1040
上海	1599	深圳	1690
南京	708	珠海	28
无锡	290	佛山	188

城市	车站出入口数量（个）	城市	车站出入口数量（个）
徐州	166	东莞	66
常州	167	南宁	390
苏州	732	三亚	27
南通	188	重庆	1021
淮安	46	成都	1265
杭州	1101	贵阳	307
宁波	367	昆明	337
温州	53	文山	26
绍兴	144	红河	30
嘉兴	58	西安	748
合肥	591	兰州	87
芜湖	119	天水	24
福州	305	乌鲁木齐	63

注：上海数据包含昆山，南京数据包含句容，嘉兴数据包含海宁，西安数据包含咸阳。

四、车辆

截至 2023 年底，我国城市轨道交通共有配属车辆 66659 辆（配属列车 11476 列），比 2022 年新增 4102 辆（742 列），同比增长 6.6%。其中地铁配属车辆 61924 辆，轻轨配属车辆 1138 辆，单轨配属车辆 1194 辆，有轨电车配属车辆 1663 辆，磁悬浮配属车辆 110 辆，自动导向系统配属车辆 44 辆，市域快速轨道配属车辆 586 辆。2023 年我国各城市轨道交通配属车辆数量情况见图 5-6 和表 5-6。

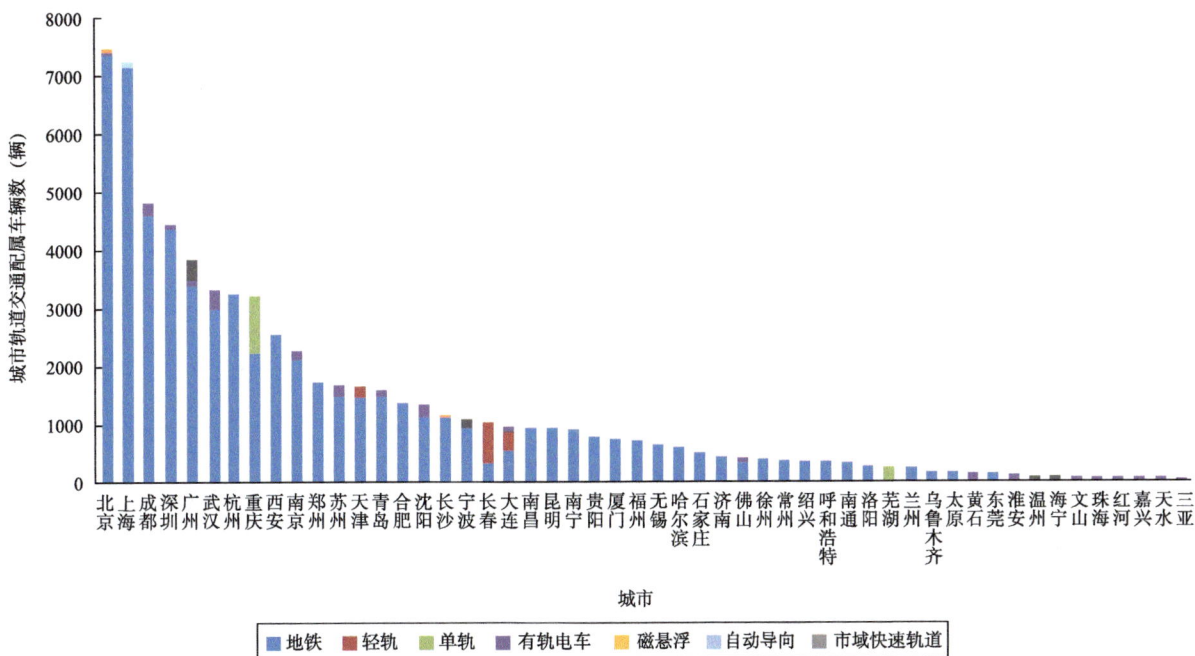

图 5-6　2023 年我国各城市轨道交通配属车辆数量情况

2023 年我国各城市轨道交通配属车辆数量情况

表 5-6

| 城市 | 配属车辆数（辆） | | | | | | | | 配属列车数（列） |
	小计	地铁	轻轨	单轨	有轨电车	磁悬浮	自动导向	市域快速轨道	
合计	66659	61924	1138	1194	1663	110	44	586	11476
北京	7512	7402	—	—	50	60	—	—	1223
天津	1646	1494	152	—	—	—	—	—	287
石家庄	486	486	—	—	—	—	—	—	81
太原	144	144	—	—	—	—	—	—	24
呼和浩特	312	312	—	—	—	—	—	—	52
沈阳	1343	1128	—	—	215	—	—	—	253
大连	939	570	296	—	73	—	—	—	246
长春	996	306	690	—	—	—	—	—	168
哈尔滨	594	594	—	—	—	—	—	—	99
上海	7249	7188	—	—	—	17	44	—	1186
南京	2266	2166	—	—	100	—	—	—	411
无锡	624	624	—	—	—	—	—	—	104
徐州	362	362	—	—	—	—	—	—	67
常州	330	330	—	—	—	—	—	—	55
苏州	1689	1482	—	—	207	—	—	—	316
昆山	—	—	—	—	—	—	—	—	—
南通	306	306	—	—	—	—	—	—	51
淮安	104	—	—	—	104	—	—	—	26
镇江（句容）	—								—
杭州	3306	3306	—	—	—	—	—	—	558
宁波	1074	948	—	—	—	—	—	126	179
温州	72	—	—	—	—	—	—	72	18
绍兴	314	314	—	—	—	—	—	—	56
嘉兴	17	—	—	—	17	—	—	—	17
海宁	68	—	—	—	—	—	—	68	17
合肥	1368	1368	—	—	—	—	—	—	228
芜湖	230	—	—	230	—	—	—	—	44
福州	704	704	—	—	—	—	—	—	123
厦门	726	726	—	—	—	—	—	—	121
南昌	906	906	—	—	—	—	—	—	151
济南	408	408	—	—	—	—	—	—	76

续上表

城市	配属车辆数（辆）								配属列车数（列）
	小计	地铁	轻轨	单轨	有轨电车	磁悬浮	自动导向	市域快速轨道	
青岛	1541	1534	—	—	7	—	—	—	289
郑州	1734	1734	—	—	—	—	—	—	289
洛阳	246	246	—	—	—	—	—	—	41
武汉	3314	3078	—	—	236	—	—	—	617
黄石	120	—	—	—	120	—	—	—	30
长沙	1179	1146	—	—	—	33	—	—	202
广州	3762	3350	—	—	92	—	—	320	705
深圳	4492	4432	—	—	60	—	—	—	715
珠海	30	—	—	—	30	—	—	—	6
佛山	405	342	—	—	63	—	—	—	78
东莞	120	120	—	—	—	—	—	—	20
南宁	876	876	—	—	—	—	—	—	146
三亚	14	—	—	—	14	—	—	—	14
重庆	3220	2256	—	964	—	—	—	—	527
成都	4802	4622	—	—	180	—	—	—	741
贵阳	762	762	—	—	—	—	—	—	127
昆明	906	906	—	—	—	—	—	—	151
文山	60	—	—	—	60	—	—	—	15
红河	18	—	—	—	18	—	—	—	18
西安	2568	2568	—	—	—	—	—	—	428
咸阳	—	—	—	—	—	—	—	—	—
兰州	216	216	—	—	—	—	—	—	36
天水	17	—	—	—	17	—	—	—	17
乌鲁木齐	162	162	—	—	—	—	—	—	27

注：上海地铁 11 号线、广佛线、南京地铁 S6 号线、西安地铁 1 号线（咸阳段）四条线路是跨越城市运行的城市轨道交通线路，其中上海地铁 11 号线跨越上海市和江苏省昆山市，广佛线跨越广州市和佛山市，南京地铁 S6 号线跨越南京市和镇江市（句容市），西安地铁 1 号线（咸阳段）跨越西安市和咸阳市。上述四条线路的车辆数不再单独统计，已分别计入上海市、广州市、南京市和西安市。

从各城市轨道交通配属车辆情况看，上海、北京两个城市配属车辆超过 7000 辆，成都、深圳、广州、武汉、杭州、重庆、西安、南京、郑州、苏州、天津、青岛、合肥、沈阳、长沙、宁波配属车辆超过 1000 辆。

五、经营业户

截至 2023 年底，我国城市轨道交通共有经营业户 94 户，其中浙江、江苏居首，为 10 户；天津为 8

户；广东为 7 户；上海为 6 户；云南、辽宁各为 5 户；北京、湖北各为 4 户；重庆、山东、湖南、河南、福建各为 3 户；江西、贵州、广州、甘肃、安徽各为 2 户；新疆、四川、陕西、山西、内蒙古、吉林、黑龙江、河北、海南、广西各为 1 户。2023 年我国各城市轨道交通经营业户数情况见表 5-7。

2023 年我国各城市轨道交通经营业户数情况 表 5-7

城市	经营业户数（户）	城市	经营业户数（户）
合计	94	厦门	1
北京	4	南昌	2
天津	8	济南	1
石家庄	1	青岛	2
太原	1	郑州	2
呼和浩特	1	洛阳	1
沈阳	2	武汉	3
大连	3	黄石	1
长春	1	长沙	3
哈尔滨	1	广州	1
上海	6	深圳	4
南京	2	珠海	1
无锡	1	佛山	2
徐州	1	东莞	1
常州	1	南宁	1
苏州	3	三亚	1
南通	1	重庆	3
淮安	1	成都	1
杭州	3	贵阳	2
宁波	1	昆明	3
温州	2	红河	1
嘉兴	2	文山	1
绍兴	2	西安	1
合肥	1	兰州	1
芜湖	1	天水	1
福州	2	乌鲁木齐	1

注：上海数据包含昆山，南京数据包含句容，嘉兴数据包含海宁，西安数据包含咸阳。

六、运营员工

截至 2023 年底，我国城市轨道交通运营员工共计 435261 人，同比增长 4.2%，其中工人或生产人员 368810 人、工程技术人员 29341 人、管理人员 23668 人、其他人员 13442 人，平均每公里配员数 42 人。2023 年我国城市轨道交通各类运营员工占比情况见图 5-7。

具体到城市来看，由于线网规模较大，北京、上海、成都、杭州、重庆、深圳、广州等城市的运营员工数量保持在前列，均超过 2 万人。各城市轨道交通运营员工多以工人或生产人员为主。2023 年我国各城市轨道交通各类运营员工数量情况见图 5-8 和表 5-8。

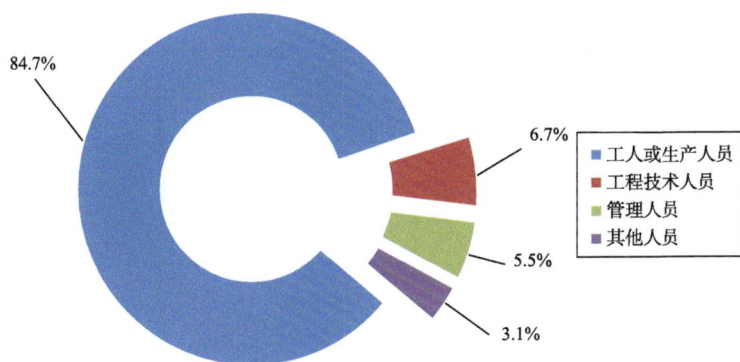

图 5-7　2023 年我国城市轨道交通各类运营员工占比情况

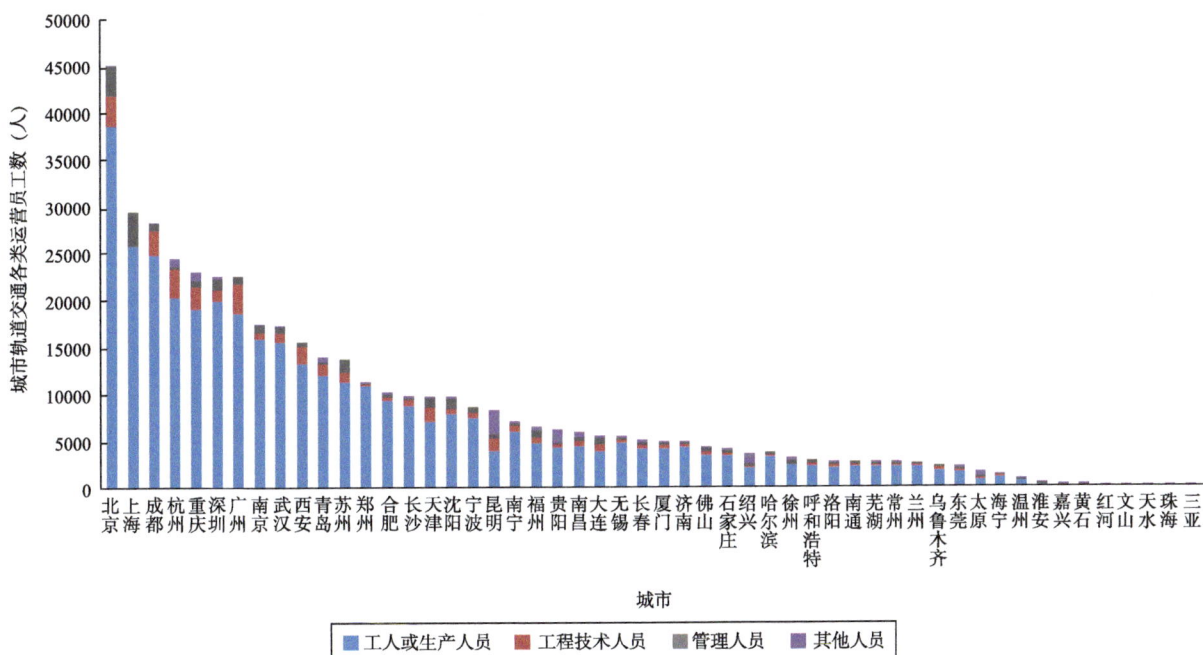

图 5-8　2023 年我国各城市轨道交通各类运营员工数量情况

2023 年我国各城市轨道交通各类运营员工数量情况　　　　表 5-8

城市	运营员工数（人）			
	工人或生产人员	工程技术人员	管理人员	其他人员
合计	435261	368810	29341	23668	13442
北京	44992	38597	3025	3361	9
天津	9768	7411	1254	809	294
石家庄	4139	3479	341	220	99
太原	1616	779	77	101	659
呼和浩特	2486	2100	220	166	—
沈阳	9643	7902	669	991	81
大连	5649	4046	601	641	361
长春	5187	4238	346	73	530

城市	运营员工数（人）			
	工人或生产人员	工程技术人员	管理人员	其他人员
哈尔滨	3612	3252	265	95	—
上海	29302	25617	—	3685	—
南京	17524	14927	40	2381	176
无锡	5346	4680	436	230	—
徐州	3043	2870	90	55	28
常州	2260	2077	135	48	—
苏州	13751	11282	900	1569	—
昆山	—	—	—	—	—
南通	2383	2145	135	66	37
淮安	309	270	20	19	—
镇江（句容）	—	—	—	—	—
杭州	24646	21231	2326	234	855
宁波	8644	7598	522	524	—
温州	812	711	39	23	39
绍兴	3678	2276	75	184	1143
嘉兴	210	114	41	30	25
海宁	1321	1159	105	27	30
合肥	10075	9400	392	190	93
芜湖	2267	2068	106	90	3
福州	6737	4999	647	378	713
厦门	4934	4321	364	148	101
南昌	5772	5241	310	194	27
济南	4809	4192	348	87	182
青岛	14165	12261	1030	332	542
郑州	11315	11128	53	97	37
洛阳	2431	2037	350	44	—
武汉	17257	15735	754	705	63
黄石	194	140	16	38	—
长沙	9823	8557	483	394	389
广州	22670	18948	2789	933	—
深圳	22759	18940	1209	624	1986
珠海	71	45	8	18	—
佛山	4259	3575	351	257	76
东莞	2055	1588	207	206	54
南宁	7100	6122	500	230	248
三亚	69	49	8	7	5
重庆	22897	20129	1300	1349	119
成都	28148	24694	2800	620	34
贵阳	6331	4351	291	95	1594

城市	运营员工数（人）			
	工人或生产人员	工程技术人员	管理人员	其他人员
昆明	8460	4051	1276	494	2639
文山	76	39	6	8	23
红河	137	118	—	19	—
西安	15570	13334	1799	437	—
咸阳	—	—	—	—	—
兰州	2259	1961	138	61	99
天水	75	—	—	33	42
乌鲁木齐	2225	2026	144	48	7

注：上海地铁 11 号线、广佛线、南京地铁 S6 号线、西安地铁 1 号线（咸阳段）四条线路是跨城市运行的城市轨道交通线路，其中上海地铁 11 号线跨越上海市和江苏省昆山市，广佛线跨越广州市和佛山市，南京地铁 S6 号线跨越南京市和镇江市（句容市），西安地铁 1 号线（咸阳段）跨越西安市和咸阳市。上述四条线路的运营员工数量不再单独统计，已分别计入上海市、广州市、南京市和西安市。

第二节　运输量

截至 2023 年底，我国城市轨道交通进站量共计 177.2 亿人次，完成客运量 293.9 亿人次，比 2022 年增加 100.8 亿人次，同比增长 52.2%。完成城市轨道交通客运周转量 2465.6 亿人公里，比 2022 年增加 835.8 亿人公里，同比增长 51.3%。全国客运强度平均水平 0.79 万人次/（公里·日）。

一、进站量

截至 2023 年底，我国城市轨道交通进站量共计 177.2 亿人次。上海、北京、广州、深圳、成都轨道交通进站量位于全国前列，上述 5 个城市的轨道交通进站量占全国总进站量的 47.6%。2023 年我国各城市轨道交通进站量情况见图 5-9 和表 5-9。

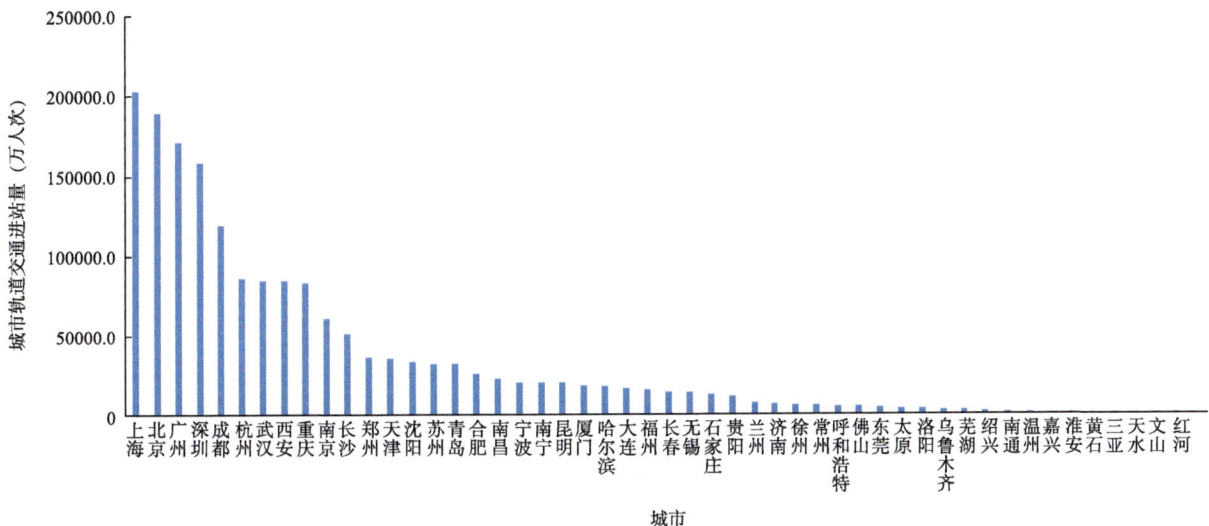

图 5-9　2023 年我国各城市轨道交通进站量情况

2023 年我国各城市轨道交通进站量情况　　　　　表 5-9

城市	进站量 （万人次）	最高日进站量 （万人次）	城市	进站量 （万人次）	最高日进站量 （万人次）
合计	1772118.7	—	福州	16928.2	94.2
北京	190160.9	701.3	厦门	18911.1	71.5
天津	35664.6	157.7	南昌	22826.9	158.5
石家庄	12003.5	200.3	济南	6905.3	32.0
太原	4382.4	20.2	青岛	32980.8	155.5
呼和浩特	5482.2	58.4	郑州	36563.8	207.7
沈阳	33816.2	136.6	洛阳	4313.6	39.0
大连	17831.1	88.1	武汉	85814.1	329.6
长春	15487.3	66.0	黄石	359.1	2.1
哈尔滨	18542.7	78.7	长沙	50577.0	201.3
上海	202864.1	710.7	广州	171879.3	585.7
南京	61299.1	262.6	深圳	158279.6	568.2
无锡	12552.5	73.9	珠海	—	—
徐州	6739.9	45.9	佛山	5334.3	31.4
常州	6004.4	27.9	东莞	4533.9	26.4
苏州	33297.5	142.4	南宁	21010.0	105.5
昆山	—	—	三亚	131.6	0.8
南通	2096.8	20.2	重庆	83755.1	313.8
淮安	729.4	5.6	成都	120160.6	435.5
镇江（句容）	—	—	贵阳	10429.1	65.3
杭州	86323.9	329.2	昆明	20780.7	93.7
宁波	21743.3	107.4	文山	49.5	1.2
温州	1483.5	15.0	红河	26.8	0.3
绍兴	2123.2	13.0	西安	84169.9	311.5
嘉兴	1214.3	2.4	咸阳	—	—
海宁	—	—	兰州	9668.1	57.5
合肥	27030.8	153.5	天水	95.4	0.7
芜湖	2833.5	17.8	乌鲁木齐	3928.1	16.2

注：1. 上海地铁 11 号线、广佛线、南京地铁 S6 号线、西安地铁 1 号线（咸阳段）四条线路是跨城市运行的城市轨道交通线路，其中上海地铁 11 号线跨越上海市和江苏省昆山市，广佛线跨越广州市和佛山市，南京地铁 S6 号线跨越南京市和镇江市（句容市），西安地铁 1 号线（咸阳段）跨越西安市和咸阳市。上述四条线路的运营员工数量不再单独统计，已分别计入上海市、广州市、南京市和西安市。
2. 海宁市进站量数据由嘉兴市统一填报。
3. 珠海有轨电车 1 号线自 2021 年起暂停运营，故无进站量数据。

二、客运量

截至 2023 年底，我国城市轨道交通完成客运量 293.9 亿人次，比 2022 年增加 100.8 亿人次，同比增长 52.2%，占城市客运行业总客运量的 30.9%。其中上海客运量最大，达 36.6 亿人次。上海、北京、广州、深圳、成都、杭州、武汉、重庆、西安、南京、长沙共 11 个城市的轨道交通客运量超过全国平均水平。2023 年我国各城市轨道交通客运量情况见图 5-10 和表 5-10。

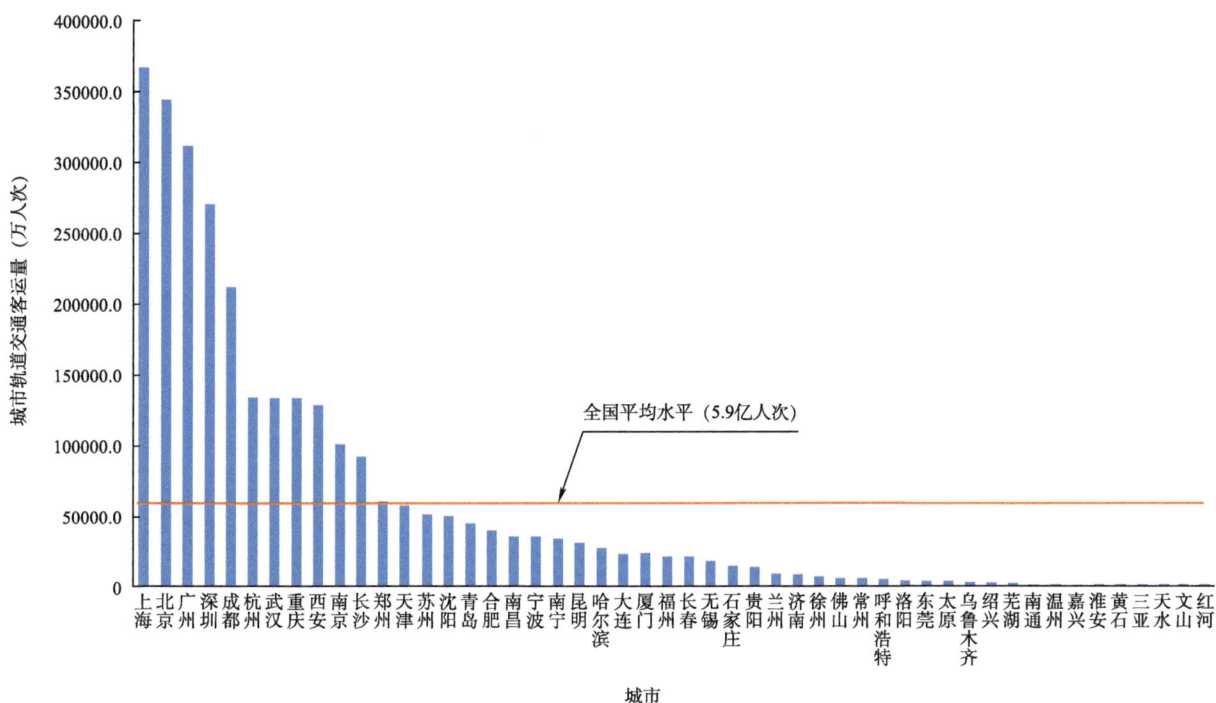

图 5-10　2023 年我国各城市轨道交通客运量情况

新冠疫情对城市轨道交通客运量的影响已明显消失，各城市客运量显著增长，7 个城市客运量同比增长率超过 100%，其中绍兴客运量同比增长率最高，达到 404.0%；兰州、佛山、乌鲁木齐、哈尔滨、呼和浩特、石家庄 6 个城市的客运量同比增长率处于 100%~200%。2023 年我国各城市轨道交通客运量变化情况见表 5-10。

2023 年我国各城市轨道交通客运量变化情况　　　　　　　　　　表 5-10

城市	客运量（万人次）	比 2022 年新增（万人次）	同比增长率（%）
合计	2938913.0	1008013.0	52.2
北京	345135.4	118952.3	52.6
天津	57138.6	25204.4	78.9
石家庄	17310.8	8671.0	100.4
太原	4382.4	1495.7	51.8
呼和浩特	6763.9	3456.3	104.5
沈阳	50823.2	21476.8	73.2
大连	25225.4	10536.1	71.7
长春	21865.1	9558.6	77.7

城市	客运量（万人次）	比 2022 年新增（万人次）	同比增长率（%）
哈尔滨	28128.0	14697.4	109.4
上海	366107.8	138181.7	60.6
南京	101237.7	24328.9	31.6
无锡	18456.0	6583.0	55.4
徐州	9402.2	3513.3	59.7
常州	7311.5	2821.8	62.9
苏州	53080.6	19224.0	56.8
昆山	—	—	—
南通	2115.0	—	—
淮安	729.4	165.1	29.3
镇江（句容）	—	—	—
杭州	136289.7	39917.2	41.4
宁波	36627.9	10971.6	42.8
温州	1587.8	784.5	97.7
嘉兴	1510.2	−868.9	−36.5
海宁	—	—	—
绍兴	3841.8	3079.5	404.0
合肥	41095.5	14537.9	54.7
芜湖	3314.8	886.8	36.5
福州	22777.7	10676.1	88.2
厦门	24641.6	4883.7	24.7
南昌	38054.6	14157.6	59.2
济南	9620.9	4165.4	76.4
青岛	47185.0	18781.3	66.1
郑州	58317.4	29042.0	99.2
洛阳	5715.9	2801.2	96.1
武汉	135288.8	45865.2	51.3
黄石	359.1	—	—
长沙	94391.5	36608.7	63.4
广州	313791.4	77447.3	32.8
深圳	271030.3	95673.4	54.6
珠海	—	—	—
佛山	7442.5	4798.0	181.4
东莞	4533.9	1294.2	39.9
南宁	35004.5	7669.1	28.1
三亚	131.6	55.9	73.9
重庆	132696.4	41454.2	45.4
成都	212190.2	55014.5	35.0
贵阳	13346.4	4043.0	43.5

城市	客运量（万人次）	比 2022 年新增（万人次）	同比增长率（%）
昆明	28803.1	11257.7	64.2
红河	26.8	—	—
文山	50.2	20.4	68.5
西安	129445.6	52556.9	68.4
咸阳	—	—	—
兰州	10563.6	7006.0	196.9
天水	95.4	39.4	70.4
乌鲁木齐	3928.1	2177.4	124.4

注：1. 上海地铁 11 号线、广佛线、南京地铁 S6 号线、西安地铁 1 号线（咸阳段）四条线路是跨城市运行的城市轨道交通线路，其中上海地铁 11 号线跨越上海市和江苏省昆山市，广佛线跨越广州市和佛山市，南京地铁 S6 号线跨越南京市和镇江市（句容市），西安地铁 1 号线（咸阳段）跨越西安市和咸阳市。上述四条线路的客运量不再单独统计，已分别计入上海市、广州市、南京市和西安市。

2. 因红河为 2023 年新开通运营的城市，故不计算其客运量同比增长率。

3. 因南通、黄石的城市轨道交通线路 2022 年运营时间不满一年，故未计算其客运量同比增长率。

4. 海宁市客运量数据由嘉兴市统一填报。

5. 珠海有轨电车 1 号线自 2021 年起暂停运营，故无客运量数据。

三、客运周转量

截至 2023 年底，我国城市轨道交通客运周转量达 2465.6 亿人公里，比 2022 年增加 835.8 亿人公里，同比增长 51.3%。全国平均客运周转量为 49.3 亿人公里，北京、上海、南京、杭州、青岛、武汉、长沙、广州、深圳、重庆、成都、西安共 12 个城市的轨道交通客运周转量超过全国平均水平。2023 年我国各城市轨道交通客运周转量情况见图 5-11 和表 5-11。

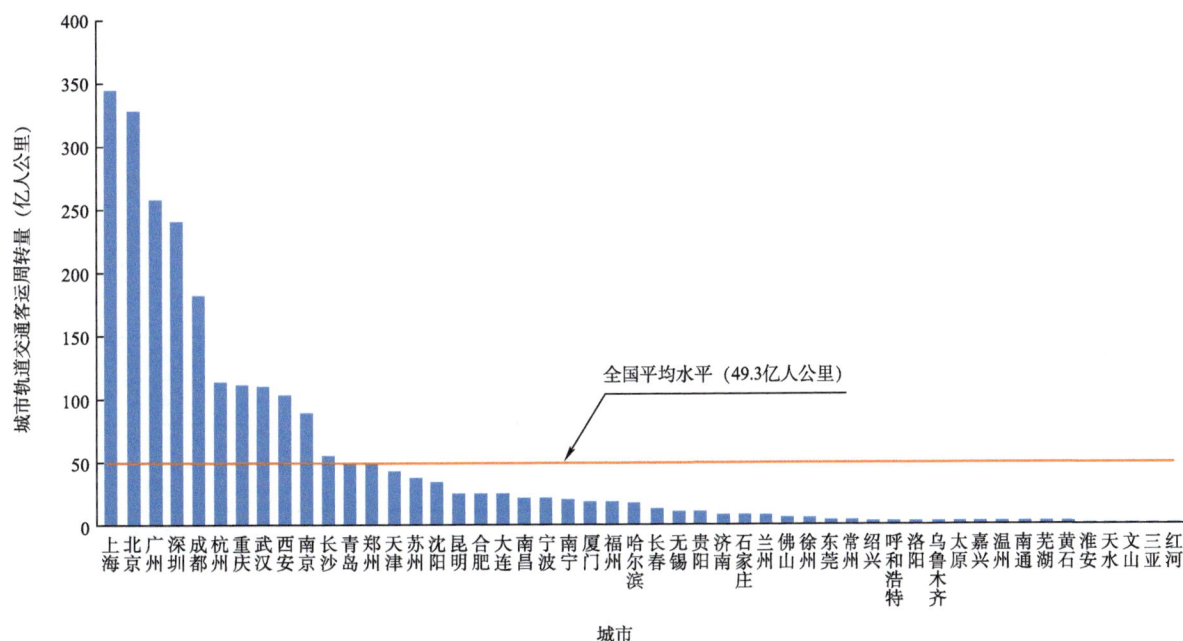

图 5-11　2023 年我国各城市轨道交通客运周转量情况

从各城市轨道交通客运周转量变化情况看，各城市客运周转量较 2022 年均有所增长，其中佛山、石家庄、兰州、乌鲁木齐、哈尔滨、郑州、嘉兴 7 个城市的同比增长率超过 100%。2023 年我国各城市轨道交通客运周转量变化情况见表 5-11。

2023 年我国各城市轨道交通客运周转量变化情况   表 5-11

城市	客运周转量（万人公里）	比 2022 年新增（万人公里）	同比增长率（%）
合计	24656083.4	8357898.1	51.3
北京	3297511.5	1128573.1	52.0
天津	423595	193114.1	83.8
石家庄	97024.8	60773.4	167.6
太原	29247.6	9851.8	50.8
呼和浩特	38353.5	19047.5	98.7
沈阳	340030.2	138862.8	69.0
大连	261482.9	101207.0	63.1
长春	149467.3	71880.2	92.6
哈尔滨	174445.7	89294.4	104.9
上海	3450748	924507.3	36.6
南京	888085.9	264271.8	42.4
无锡	116053.6	40787.7	54.2
徐州	59891.2	23033.7	62.5
常州	45697.6	13408.3	41.5
苏州	375419.9	133633.8	55.3
昆山	—	—	—
南通	23506.4	—	—
淮安	7294	1651.0	29.3
镇江（句容）	—	—	—
杭州	1152097.8	335573.6	41.1
宁波	216867.4	64010.9	41.9
温州	26467.1	13065.0	97.5
绍兴	42555.4	19371.2	83.6
嘉兴	29157.1	28452.9	102.0
海宁	—	—	—
合肥	262198.3	76237.7	41.0
芜湖	22599.1	6670.4	41.9
福州	175121	81836.8	87.7
厦门	189954	42395.8	28.7
南昌	231410.2	92324.6	66.4
济南	97232.4	43610.7	81.3
青岛	493242.8	203532.3	70.3
郑州	459575.3	234479.4	104.2

城市	客运周转量（万人公里）	比 2022 年新增（万人公里）	同比增长率（%）
洛阳	35101.2	16385.8	87.6
武汉	1109651.7	401350.7	56.7
黄石	9042.5	—	—
长沙	550257.1	206444.2	60.0
广州	2588020.1	699555.0	37.0
深圳	2391057.8	918869.3	62.4
珠海	—	—	—
佛山	76974.4	56636.3	278.5
东莞	57613	18368.1	46.8
南宁	211314.5	48694.8	29.9
三亚	460.8	193.7	72.5
重庆	1124742.4	336405.1	42.7
成都	1799399.7	531467.6	41.9
贵阳	111036.6	32093.6	40.7
昆明	269252.8	104917.4	63.8
文山	462.4	202.0	77.6
红河	235.2	—	—
西安	1026543.1	443757.9	76.1
咸阳	—	—	—
兰州	82942.9	49754.0	149.9
天水	754.3	310.2	69.8
乌鲁木齐	34887.9	19471.7	126.3

注：1. 上海地铁 11 号线、广佛线、南京地铁 S6 号线、西安地铁 1 号线（咸阳段）四条线路是跨城市运行的城市轨道交通线路，其中上海地铁 11 号线跨越上海市和江苏省昆山市，广佛线跨越广州市和佛山市，南京地铁 S6 号线跨越南京市和镇江市（句容市），西安地铁 1 号线（咸阳段）跨越西安市和咸阳市。上述四条线路的客运周转量不再单独统计，已分别计入上海市、广州市、南京市和西安市。

2. 因红河 2023 年新开通运营的城市，故不计算其新增客运周转量和同比增长率。

3. 因南通、黄石的城市轨道交通线路 2022 年运营时间不满一年，故未计算其客运周转量同比增长率。

4. 海宁市客运周转量数据由嘉兴市统一填报。

5. 珠海有轨电车 1 号线自 2021 年起暂停运营，故无客运周转量数据。

四、客运强度

2023 年我国城市轨道交通客运强度平均水平为 0.79 万人次／（公里·日）。有 14 个城市客运强度超过 0.70 万人次／（公里·日），分别为深圳［1.31 万人次／（公里·日）］、广州［1.27 万人次／（公里·日）］、长沙［1.23 万人次／（公里·日）］、上海［1.21 万人次／（公里·日）］、西安［1.16 万人次／（公里·日）］、北京［1.13 万人次／（公里·日）］、成都［0.97 万人次／（公里·日）］、哈尔滨［0.94 万人次／（公里·日）］、兰州［0.86 万人次／（公里·日）］、南昌［0.81 万人次／（公里·日）］、南宁［0.75 万人次／（公里·日）］、重庆［0.74 万人次／（公里·日）］、杭州［0.72 万人次／（公里·日）］、武汉［0.70 万人次／（公里·日）］。2023 年我国各城市轨道交通客运强度情况见图 5-12 和表 5-12。

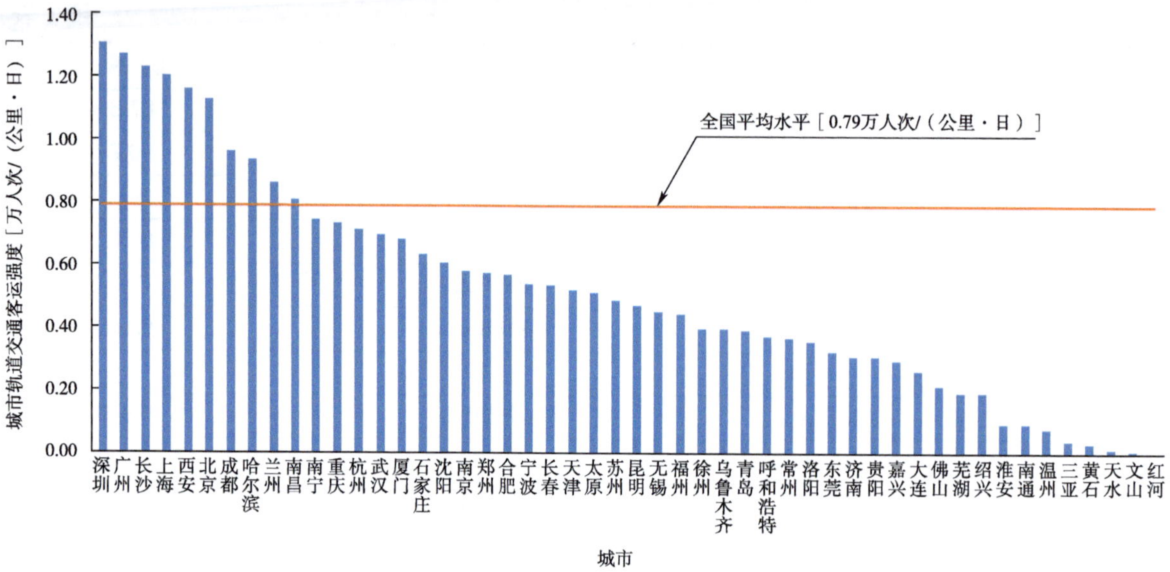

图 5-12　2023 年我国各城市轨道交通客运强度情况

2023 年我国各城市轨道交通客运强度情况　　　表 5-12

城市	客运强度 [万人次 /（公里·日）]	城市	客运强度 [万人次 /（公里·日）]
合计	—	昆山	—
北京	1.13	南通	0.10
天津	0.52	淮安	0.10
石家庄	0.64	镇江（句容）	—
太原	0.52	杭州	0.72
呼和浩特	0.38	宁波	0.54
沈阳	0.61	温州	0.08
大连	0.27	绍兴	0.18
长春	0.54	嘉兴	0.30
哈尔滨	0.94	海宁	—
上海	1.21	合肥	0.57
南京	0.58	芜湖	0.20
无锡	0.46	福州	0.45
徐州	0.40	厦门	0.69
常州	0.37	南昌	0.81
苏州	0.49	济南	0.31

续上表

城市	客运强度 [万人次/（公里·日）]	城市	客运强度 [万人次/（公里·日）]
青岛	0.40	三亚	0.04
郑州	0.58	重庆	0.74
洛阳	0.36	成都	0.97
武汉	0.70	贵阳	0.31
黄石	0.04	昆明	0.48
长沙	1.23	文山	0.01
广州	1.27	红河	0.01
深圳	1.31	西安	1.16
珠海	—	咸阳	—
佛山	0.22	兰州	0.86
东莞	0.33	天水	0.02
南宁	0.75	乌鲁木齐	0.40

注：1. 依据《城市轨道交通运营指标体系》（GB/T 38374—2019），客运强度＝线网日均客运量／线网运营里程。
　　2. 上海地铁 11 号线、广佛线、南京地铁 S6 号线、西安地铁 1 号线（咸阳段）四条线路是跨城市运行的城市轨道交通线路，其中上海地铁 11 号线跨越上海市和江苏省昆山市，广佛线跨越广州市和佛山市，南京地铁 S6 号线跨越南京市和镇江市（句容市），西安地铁 1 号线（咸阳段）跨越西安市和咸阳市。上述四条线路的客运强度不做拆分统计，已分别计入上海市、广州市、南京市和西安市。
　　3. 珠海有轨电车 1 号线自 2021 年起暂停运营，故无客运强度数据。
　　4. 杭州市至嘉兴市的杭海线客运量数据被纳入嘉兴市，故海宁市不再单独计算客运强度。

第三节　运营指标

2023 年，我国城市轨道交通完成运营车公里 71.5 亿车公里，比 2022 年新增 9.9 亿车公里；14 个城市轨道交通最大载客率大于 100%；最小发车间隔为 94 秒；所有城市列车兑现率、列车正点率均超过 99%；地铁列车服务可靠度仍保持在较高水平。

一、运营车公里

2023 年，我国城市轨道交通完成运营车公里 71.5 亿车公里，比 2022 年新增 9.9 亿车公里，其中北京、上海完成超过 7 亿车公里；深圳、广州、成都完成超过 5 亿车公里。全国共有上海、北京、深圳、广州、成都、杭州、武汉、重庆、南京、西安、天津、苏州、郑州、青岛、长沙、宁波 16 个城市的轨道交通运营车公里超过全国平均水平。2023 年我国各城市轨道交通运营车公里情况见图 5-13 和表 5-13。

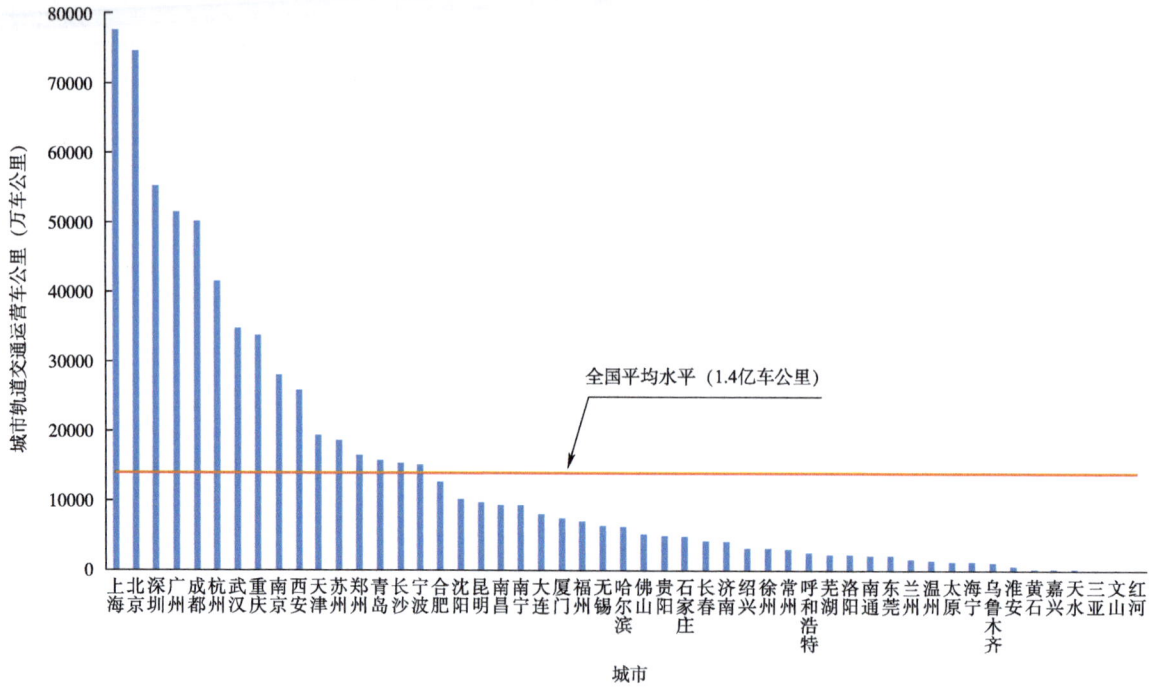

图 5-13 2023 年我国各城市轨道交通运营车公里情况

2023 年我国各城市轨道交通运营车公里情况
表 5-13

城市	运营车公里（万车公里）	城市	运营车公里（万车公里）
合计	715153.2	镇江（句容）	—
北京	74618.9	杭州	41594.3
天津	19536.2	宁波	15109.9
石家庄	4920.6	温州	1529.6
太原	1420.9	绍兴	3262.3
呼和浩特	2576.9	嘉兴	111.1
沈阳	10273	海宁	1383.2
大连	8161.6	合肥	12680.3
长春	4247.1	芜湖	2321.1
哈尔滨	6224.8	福州	7025.9
上海	77737.1	厦门	7496.7
南京	28041.5	南昌	9526.7
无锡	6493.4	济南	4113.7
徐州	3236.8	青岛	15901.5
常州	3078.6	郑州	16617.5
苏州	18697.5	洛阳	2297.1
昆山	—	武汉	34880.6
南通	2197.9	黄石	148.8
淮安	716.3	长沙	15391

续上表

城市	运营车公里（万车公里）	城市	运营车公里（万车公里）
广州	51534.2	贵阳	5011.7
深圳	55195	昆明	9919.1
珠海	—	文山	36.2
佛山	5209.1	红河	28.4
东莞	2189.8	西安	25860.4
南宁	9495.6	咸阳	—
三亚	39.4	兰州	1713.9
重庆	33867.1	天水	69
成都	50147.4	乌鲁木齐	1266.5

注：1. 上海地铁 11 号线、广佛线、南京地铁 S6 号线、西安地铁 1 号线（咸阳段）四条线路是跨城市运行的城市轨道交通线路，其中上海地铁 11 号线跨越上海市和江苏省昆山市，广佛线跨越广州市和佛山市，南京地铁 S6 号线跨越南京市和镇江市（句容市），西安地铁 1 号线（咸阳段）跨越西安市和咸阳市。上述四条线路的运营车公里不做拆分统计，已分别计入上海市、广州市、南京市和西安市。

2. 珠海有轨电车 1 号线自 2021 年起暂停运营，故无运营车公里数据。

二、最大载客率

2023 年全国共计 14 个城市的轨道交通最大载客率大于 100%，分别为文山、红河、深圳、广州、北京、成都、温州、沈阳、长沙、西安、哈尔滨、南京、长春、武汉，其中文山有轨电车以 166.0% 位居全国首位。2023 年我国各城市轨道交通最大载客率情况见表 5-14。

2023 年我国各城市轨道交通最大载客率情况　　　　表 5-14

城市	最大载客率（%）	城市	最大载客率（%）
北京	120.0	南通	28.8
天津	84.9	淮安	—
石家庄	78.6	镇江（句容）	—
太原	46.3	杭州	84.6
呼和浩特	44.7	宁波	62.9
沈阳	116.2	温州	118.0
大连	94.0	绍兴	37.3
长春	106.8	嘉兴	50.5
哈尔滨	107.0	海宁	84.0
上海	99.0	合肥	77.4
南京	106.9	芜湖	58.1
无锡	65.0	福州	65.8
徐州	64.0	厦门	94.2
常州	61.3	南昌	82.9
苏州	87.9	济南	67.2
昆山	—	青岛	96.0

续上表

城市	最大载客率（%）	城市	最大载客率（%）
郑州	82.5	重庆	98.5
洛阳	76.6	成都	118.7
武汉	100.0	贵阳	66.5
黄石	94.3	昆明	67.8
长沙	114.7	文山	166.0
广州	126.0	红河	148.0
深圳	137.5	西安	107.6
珠海	—	咸阳	—
佛山	78.8	兰州	76.2
东莞	78.7	天水	—
南宁	72.9	乌鲁木齐	49.9
三亚	64.2		

注：1. 上海地铁 11 号线、广佛线、南京地铁 S6 号线、西安地铁 1 号线（咸阳段）四条线路是跨城市运行的城市轨道交通线路，其中上海地铁 11 号线跨越上海市和江苏省昆山市，广佛线跨越广州市和佛山市，南京地铁 S6 号线跨越南京市和镇江市（句容市），西安地铁 1 号线（咸阳段）跨越西安市和咸阳市。上述四条线路的最大载客率不做拆分统计，已分别计入上海市、广州市、南京市和西安市。

2. 珠海有轨电车 1 号线自 2021 年起暂停运营，故无最大载客率数据。

3. 天水、淮安未上报最大载客率。

三、最小发车间隔

2023 年我国城市轨道交通最小发车间隔在 120 秒（含）以下的城市有 8 个，分别为西安、上海、北京、南京、苏州、广州、深圳、成都，其中西安最小发车间隔为 94 秒，达到世界先进水平。除淮安、天水、海宁、红河、黄石、三亚外，其余城市最小发车间隔均在 400 秒（含）以下，其中 180 秒（含）以下的城市有 15 个，分别为西安、上海、北京、南京、苏州、广州、深圳、成都、杭州、青岛、武汉、重庆、厦门、郑州、天津。2023 年我国各城市轨道交通最小发车间隔情况见表 5-15。

2023 年我国各城市轨道交通最小发车间隔情况　　　　　表 5-15

城市	最小发车间隔（秒）	城市	最小发车间隔（秒）
北京	120	无锡	300
天津	180	徐州	384
石家庄	300	常州	360
太原	390	苏州	120
呼和浩特	360	昆山	—
沈阳	187	南通	390
大连	210	淮安	420
长春	300	镇江（句容）	—
哈尔滨	238	杭州	135
上海	110	宁波	238
南京	120	温州	300

城市	最小发车间隔（秒）	城市	最小发车间隔（秒）
绍兴	300	珠海	—
嘉兴	300	佛山	339
海宁	600	东莞	375
合肥	208	南宁	210
芜湖	334	三亚	700
福州	270	重庆	150
厦门	160	成都	120
南昌	236	贵阳	330
济南	390	昆明	240
青岛	145	文山	300
郑州	170	红河	600
洛阳	360	西安	94
武汉	150	咸阳	—
黄石	700	兰州	290
长沙	198	天水	566
广州	120	乌鲁木齐	375
深圳	120		

注：1. 上海地铁 11 号线、广佛线、南京地铁 S6 号线、西安地铁 1 号线（咸阳段）四条线路是跨城市运行的城市轨道交通线路，其中上海地铁 11 号线跨越上海市和江苏省昆山市，广佛线跨越广州市和佛山市，南京地铁 S6 号线跨越南京市和镇江市（句容市），西安地铁 1 号线（咸阳段）跨越西安和咸阳市。上述四条线路的最小发车间隔不做单独统计，已分别计入上海市、广州市、南京市和西安市。

2. 珠海有轨电车 1 号线自 2021 年起暂停运营，故无最小发车间隔数据。

四、列车兑现率

列车兑现率体现了城市轨道交通列车在实际运行过程中对列车运行图的执行情况。2023 年有 43 个城市地铁列车兑现率在 99.98%（含）以上，其中天津、石家庄、太原、呼和浩特、无锡、徐州、常州、南通、杭州、温州、绍兴、海宁、合肥、厦门、南昌、济南、郑州、洛阳、黄石、长沙、广州、佛山、东莞、南宁、成都、贵阳、昆明、红河、西安、兰州、乌鲁木齐等 31 个城市的所有计划开行列车全部兑现。2023 年我国各城市轨道交通列车兑现率情况见表 5-16。

2023 年我国各城市轨道交通列车兑现率情况　　　　　表 5-16

城市	列车兑现率（%）	城市	列车兑现率（%）
北京	99.99	长春	99.97
天津	100.00	哈尔滨	99.99
石家庄	100.00	上海	99.95
太原	100.00	南京	99.99
呼和浩特	100.00	无锡	100.00
沈阳	98.29	徐州	100.00
大连	99.99	常州	100.00

城市	列车兑现率（%）	城市	列车兑现率（%）
苏州	99.99	黄石	100.00
昆山	—	长沙	100.00
南通	100.00	广州	100.00
淮安	99.98	深圳	99.94
镇江（句容）	—	珠海	—
杭州	100.00	佛山	100.00
宁波	99.99	东莞	100.00
温州	100.00	南宁	100.00
绍兴	100.00	三亚	99.99
嘉兴	99.95	重庆	99.99
海宁	100.00	成都	100.00
合肥	100.00	贵阳	100.00
芜湖	99.42	昆明	100.00
福州	99.99	文山	99.98
厦门	100.00	红河	100.00
南昌	100.00	西安	100.00
济南	100.00	咸阳	—
青岛	99.97	兰州	100.00
郑州	100.00	天水	99.98
洛阳	100.00	乌鲁木齐	100.00
武汉	99.97		

注：1. 依据《城市轨道交通运营指标体系》（GB/T 38374—2019），列车兑现率 =（计划兑现列次 / 计划开行列次）×100%。

    2. 上海地铁 11 号线、广佛线、南京地铁 S6 号线、西安地铁 1 号线（咸阳段）四条线路是跨城市运行的城市轨道交通线路，其中上海地铁 11 号线跨越上海市和江苏省昆山市，广佛线跨越广州市和佛山市，南京地铁 S6 号线跨越南京市和镇江市（句容市），西安地铁 1 号线（咸阳段）跨越西安市和咸阳市。上述四条线路的列车兑现率不做单独统计，已分别计入上海市、广州市、南京市和西安市。

    3. 珠海有轨电车 1 号线自 2021 年起暂停运营，故无列车兑现率数据。

五、列车正点率

2023 年所有城市列车正点率均在 99% 以上，其中天津、呼和浩特、无锡、徐州、南通、淮安、杭州、宁波、绍兴、南昌、三亚、成都、文山列车正点率达 100%，天水、昆明、海宁、南宁、福州、哈尔滨、厦门、长沙、合肥、佛山、洛阳、广州、常州、苏州、太原列车正点率也均保持在较高水平。2023 年我国各城市轨道交通列车正点率情况见表 5-17。

2023 年我国各城市轨道交通列车正点率情况　　　　　　表 5-17

城市	列车正点率（%）	城市	列车正点率（%）
北京	99.76	太原	99.99
天津	100.00	呼和浩特	100.00
石家庄	99.98	沈阳	99.88

城市	列车正点率（%）	城市	列车正点率（%）
大连	99.97	青岛	99.98
长春	99.65	郑州	99.98
哈尔滨	99.99	洛阳	99.99
上海	99.87	武汉	99.98
南京	99.98	黄石	99.98
无锡	100.00	长沙	99.99
徐州	100.00	广州	99.99
常州	99.99	深圳	99.98
苏州	99.99	珠海	—
昆山	—	佛山	99.99
南通	100.00	东莞	99.98
淮安	100.00	南宁	99.99
镇江（句容）	—	三亚	100.00
杭州	100.00	重庆	99.97
宁波	100.00	成都	100.00
温州	99.98	贵阳	99.98
绍兴	100.00	昆明	99.99
嘉兴	99.72	文山	100.00
海宁	99.99	红河	99.97
合肥	99.99	西安	99.97
芜湖	99.92	咸阳	—
福州	99.99	兰州	99.98
厦门	99.99	天水	99.99
南昌	100.00	乌鲁木齐	99.97
济南	99.96		

注：1. 依据《城市轨道交通运营指标体系》（GB/T 38374—2019），列车正点率＝（实际开行列次－始发到达晚点列次之和）/实际开行列次×100%。

　　2. 上海地铁 11 号线、广佛线、南京地铁 S6 号线、西安地铁 1 号线（咸阳段）四条线路是跨城市运行的城市轨道交通线路，其中上海地铁 11 号线跨越上海市和江苏省昆山市，广佛线跨越广州市和佛山市，南京地铁 S6 号线跨越南京市和镇江市（句容市），西安地铁 1 号线（咸阳段）跨越西安市和咸阳市。上述四条线路的列车正点率不做单独统计，已分别计入上海市、广州市、南京市和西安市。

　　3. 珠海有轨电车 1 号线自 2021 年起暂停运营，故无列车正点率数据。

六、列车服务可靠度

列车服务可靠度即全部列车发生 5 分钟及以上延误事件之间平均行驶的运营车公里。2023 年，哈尔滨、无锡、徐州、南通、淮安、南昌未发生 5 分钟及以上延误事件；青岛、宁波、杭州列车服务可靠度大于 10000 万车公里 / 件，昆明、长沙、天津、合肥、佛山列车服务可靠度大于 5000 万车公里 / 件，南宁和成都列车服务可靠度大于 3000 万车公里 / 件。文山、红河、天水、三亚、黄石、嘉兴等运营有轨电车的城市列车服务可靠度明显低于其他城市。2023 年我国各城市轨道交通列车服务可靠度情况见表 5-18。

2023 年我国各城市轨道交通列车服务可靠度情况　　　　　　表 5-18

城市	列车服务可靠度（万车公里 / 件）	城市	列车服务可靠度（万车公里 / 件）
北京	239.93	厦门	1874.18
天津	6512.07	南昌	—
石家庄	820.10	济南	342.81
太原	1420.90	青岛	15901.50
呼和浩特	2576.90	郑州	1510.68
沈阳	39.66	洛阳	765.70
大连	2040.40	武汉	1291.87
长春	36.61	黄石	12.40
哈尔滨	—	长沙	7695.50
上海	1388.16	广州	1392.82
南京	452.28	深圳	862.42
无锡	—	珠海	—
徐州	—	佛山	5209.10
常州	1539.30	东莞	2189.80
苏州	1038.75	南宁	3165.20
昆山	—	三亚	19.70
南通	—	重庆	868.39
淮安	—	成都	3134.21
镇江（句容）	—	贵阳	1670.57
杭州	13864.77	昆明	9919.10
宁波	15109.90	文山	36.20
温州	305.92	红河	28.40
绍兴	1631.15	西安	1361.07
嘉兴	6.94	咸阳	—
海宁	691.60	兰州	342.78
合肥	6340.15	天水	23.00
芜湖	122.16	乌鲁木齐	633.25
福州	2341.97		

注：1. 依据《城市轨道交通运营指标体系》（GB/T 38374—2019），列车服务可靠度 =（运营车公里 /5 分钟及以上延误事件数）$\times 10^{-4}$。

2. 上海地铁 11 号线、广佛线、南京地铁 S6 号线、西安地铁 1 号线（咸阳段）四条线路是跨城市运行的城市轨道交通线路，其中上海地铁 11 号线跨越上海市和江苏省昆山市，广佛线跨越广州市和佛山市，南京地铁 S6 号线跨越南京市和镇江市（句容市），西安地铁 1 号线（咸阳段）跨越西安市和咸阳市。上述四条线路的列车服务可靠度不做单独统计，已分别计入上海市、广州市、南京市和西安市。

3. 珠海有轨电车 1 号线自 2021 年起暂停运营，故无列车服务可靠度数据。

第六章　巡游出租汽车 [1]

截至 2023 年底，全国拥有巡游出租汽车运营车辆 136.74 万辆，其中新能源运营车辆（纯电动车和混合动力车）41.72 万辆。巡游出租汽车经营业户 16.12 万户，其中个体经营业户 14.82 万户。巡游出租汽车运营里程 1213.61 亿公里，里程利用率 63.3%。巡游出租汽车城市客运量 220.27 亿人次，巡游出租汽车城际城乡客运量 20.55 亿人次 [2]，合计占城市客运行业总客运量的 25.3%。2023 年全国巡游出租汽车发展情况见表 6-1。

2023 年全国巡游出租汽车发展情况　　　　　　　　　　　表 6-1

数据类型	单位	2023 年	比 2022 年新增	同比增长率（%）
运营车辆数	万辆	136.74	0.54	0.4
新能源运营车辆数	万辆	41.72	11.76	39.3
经营业户数	万户	16.12	0.43	2.8
个体经营业户数	万户	14.82	0.49	3.4
运营里程	亿公里	1213.61	176.40	17.0
城市客运量	亿人次	220.27	—	—
城际城乡客运量	亿人次	20.55	—	—
里程利用率	%	63.3	1.9	3.1

第一节　运营车辆

截至 2023 年底，全国拥有巡游出租汽车运营车辆 136.74 万辆，比 2022 年增加 0.54 万辆，同比增长 0.4%，其中新能源运营车辆 41.72 万辆，占全国巡游出租汽车运营车辆的 30.5%，比 2022 年增加 11.76 万辆，同比增长 39.3%。2023 年全国 31 个省（自治区、直辖市）巡游出租汽车运营车辆发展情况见表 6-2。

2023 年全国巡游出租汽车运营车辆主要呈现以下特征：

（1）车辆规模有所回升。自 2022 年全国巡游出租汽车运营车辆规模出现明显下降后，2023 年车辆规模有所回升。2019—2023 年全国巡游出租汽车运营车辆数量变化情况见图 6-1。

（2）新能源车辆规模持续增长。2019 年以来，全国新能源巡游出租汽车运营车辆规模持续增长，2023 年全国新能源运营车辆是 2019 年的 5.4 倍。新能源巡游出租汽车运营车辆规模占比持续上升，2023 年较 2019 年占比提高了 25.0 个百分点，且增长速度逐年加快。2019—2023 年全国新能源巡游出租汽车运营车辆数量与占比变化情况见图 6-2。

---

[1]　由于统计制度变化，自 2022 年起，无中心城市相关数据。

[2]　根据《交通运输部办公厅关于印发客运统计改革实施方案的通知》（交办规划〔2023〕61 号），2023 年巡游出租汽车客运量统计口径调整为巡游出租汽车城市客运量、巡游出租汽车城际城乡客运量。

2023 年全国 31 个省（自治区、直辖市）巡游出租汽车运营车辆发展情况　　表 6-2

地区	运营车辆数（辆）		同比增长率（%）	新能源运营车辆数（辆）		同比增长率（%）
合计	1367416	（↑ 5375）	0.4	417247	（↑ 117614）	39.3
北京	71456	（↑ 1226）	1.7	46009	（↑ 14521）	46.1
天津	31778	（↓ −1）	0	3633	（↑ 2369）	187.4
河北	69748	（↓ −525）	−0.7	7673	（↑ 2572）	50.4
山西	41613	（↑ 63）	0.2	26890	（↑ 2049）	8.2
内蒙古	67452	（↓ −513）	−0.8	2670	（↑ 2163）	426.6
辽宁	91565	（↓ −12）	0	4608	（↑ 3322）	258.3
吉林	67745	（↓ −131）	−0.2	15396	（↑ 5539）	56.2
黑龙江	98021	（↑ 66）	0.1	838	（↑ 692）	474.0
上海	32219	（↑ 4704）	17.1	22648	（↑ 6218）	37.8
江苏	52395	（↓ −542）	−1.0	15165	（↑ 5879）	63.3
浙江	43467	（↓ −625）	−1.4	21340	（↑ 8028）	60.3
安徽	55204	（↓ −1）	0	11792	（↑ 5339）	82.7
福建	21542	（↑ 544）	2.6	13754	（↑ 3306）	31.6
江西	17015	（↓ −159）	−0.9	3209	（↑ 1923）	149.5
山东	69259	（↓ −731）	−1.0	12305	（↑ 3730）	43.5
河南	63345	（↓ −120）	−0.2	24638	（↑ 3615）	17.2
湖北	44339	（↑ 359）	0.8	15477	（↑ 8537）	123.0
湖南	35913	（↑ 432）	1.2	14866	（↑ 4999）	50.7
广东	51174	（↓ −494）	−1.0	48594	（↑ 2614）	5.7
广西	19908	（↓ −458）	−2.2	9794	（↑ 4042）	70.3
海南	6270	（↓ −8）	−0.1	5033	（↑ 630）	14.3
重庆	24230	（↓ −449）	−1.8	7950	（↑ 4000）	101.3
四川	46833	（↑ 1041）	2.3	18915	（↑ 3669）	24.1
贵州	47566	（↑ 1370）	3.0	14930	（↑ 5170）	53.0
云南	31864	（↑ 508）	1.6	16559	（↑ 3110）	23.1
西藏	2380	（—）	—	31	（—）	—
陕西	37890	（↓ −690）	−1.8	12438	（↑ 1225）	10.9
甘肃	39659	（↑ 785）	2.0	9075	（↑ 2476）	37.5
青海	14145	（↑ 18）	0.1	3313	（↑ 1521）	84.9

地区	运营车辆数（辆）		同比增长率（%）	新能源运营车辆数（辆）		同比增长率（%）
宁夏	16426	（↓ −43）	−0.3	992	（↑ 717）	260.7
新疆	54995	（↓ −239）	−0.4	6712	（↑ 3639）	118.4

注：↑表示 2023 年较 2022 年增加，↓表示 2023 年较 2022 年减少。

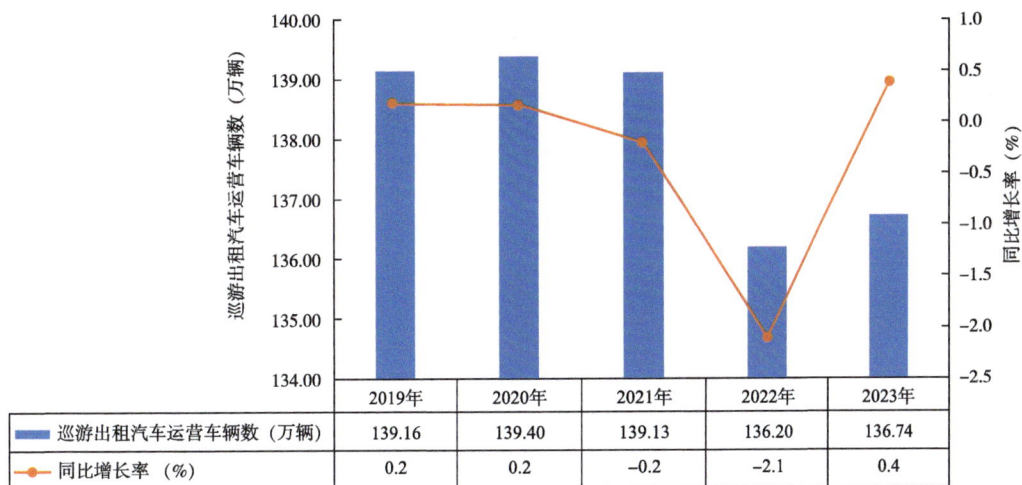

	2019年	2020年	2021年	2022年	2023年
巡游出租汽车运营车辆数（万辆）	139.16	139.40	139.13	136.20	136.74
同比增长率（%）	0.2	0.2	−0.2	−2.1	0.4

图 6-1　2019—2023 年全国巡游出租汽车运营车辆数量变化情况

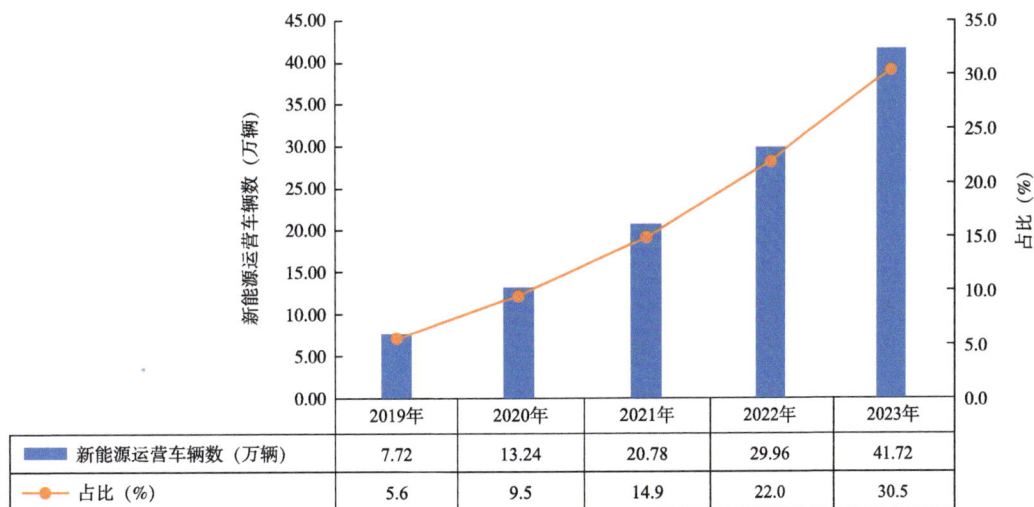

	2019年	2020年	2021年	2022年	2023年
新能源运营车辆数（万辆）	7.72	13.24	20.78	29.96	41.72
占比（%）	5.6	9.5	14.9	22.0	30.5

图 6-2　2019—2023 年全国新能源巡游出租汽车运营车辆数量与占比变化情况

　　截至 2023 年底，全国 31 个省（自治区、直辖市）巡游出租汽车平均运营车辆数为 44110 辆，各省整体相差较大，最多的为 9.80 万辆，最少的为 0.24 万辆。15 个省（自治区、直辖市）的巡游出租汽车运营车辆数超过全国平均水平。北京、山西、黑龙江等 12 个省（直辖市）的巡游出租汽车运营车辆数较 2022 年增长；天津、河北、内蒙古等 18 个省（自治区、直辖市）的巡游出租汽车运营车辆数较 2022 年减少；西藏的巡游出租汽车运营车辆数与 2022 年持平。2023 年全国 31 个省（自治区、直辖市）巡游出租汽车运营车辆数量与增长情况分别见图 6-3、图 6-4 和表 6-2。

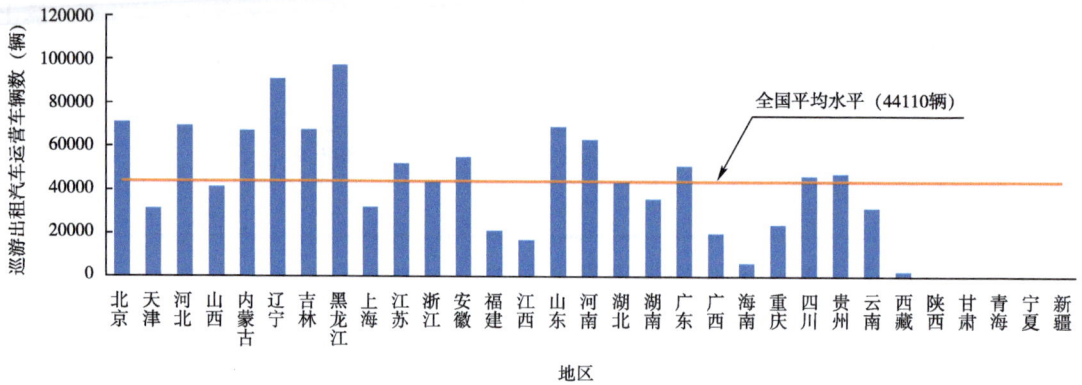

图 6-3　2023 年全国 31 个省（自治区、直辖市）巡游出租汽车运营车辆数量情况

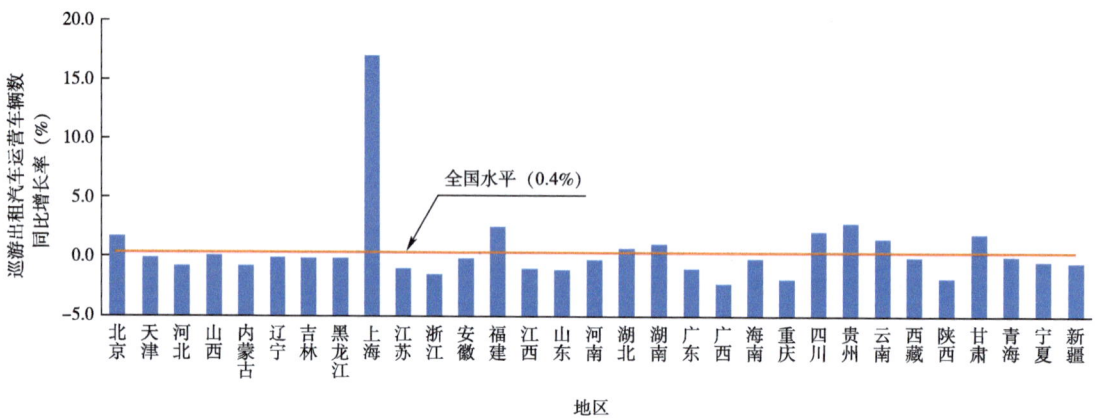

图 6-4　2023 年全国 31 个省（自治区、直辖市）巡游出租汽车运营车辆数量增长情况

按车辆燃料类型分，全国巡游出租汽车运营车辆主要分为汽油车、乙醇汽油车、天然气车、双燃料车、纯电动车和混合动力车等。与 2022 年相比，天然气车、纯电动车、混合动力车占比增加，其余燃料类型的巡游出租汽车运营车辆占比均呈下降趋势。

截至 2023 年底，全国巡游出租汽车运营车辆中汽油车 20.16 万辆，比 2022 年减少 3.19 万辆，同比下降 13.7%；乙醇汽油车 11.32 万辆，比 2022 年减少 1.56 万辆，同比下降 12.1%；天然气车 2.48 万辆，比 2022 年增加 0.32 万辆，同比增长 14.7%；双燃料车 58.40 万辆，比 2022 年减少 6.76 万辆，同比下降 10.4%；纯电动车 40.85 万辆，比 2022 年增加 11.74 万辆，同比增长 40.3%；混合动力车 0.87 万辆，比 2022 年增加 0.02 万辆，同比增长 2.8%。2023 年全国巡游出租汽车运营车辆按燃料类型划分情况见图 6-5 和表 6-3。

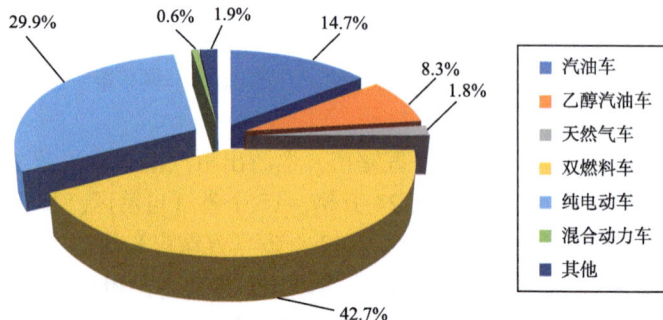

图 6-5　2023 年全国巡游出租汽车运营车辆按燃料类型划分情况

2023 年全国不同燃料类型巡游出租汽车运营车辆情况　　　　表 6-3

数量	车辆燃料类型						
	汽油车	乙醇汽油车	天然气车	双燃料车	纯电动车	混合动力车	其他
2023 年运营车辆（辆）	201592	113220	24784	583983	408539	8708	26590
占比（%）	14.7	8.3	1.8	42.7	29.9	0.6	1.9
新增运营车辆（辆）	−31876	−15552	3182	−67646	117380	234	−347
同比增长率（%）	−13.7	−12.1	14.7	−10.4	40.3	2.8	−1.3

第二节　经营主体

　　截至 2023 年底，全国拥有巡游出租汽车经营业户 16.12 万户，比 2022 年增加 4329 户，同比增长 2.8%。其中全国巡游出租汽车个体经营业户 14.82 万户，较 2022 年增加 4877 户，同比增长 3.4%；巡游出租汽车企业 13016 户，较 2022 年减少 548 户，同比下降 4.0%。运营车辆规模在 301 辆（含）以上的企业 867户，较 2022 年减少 6 户，占全国巡游出租汽车企业总数的 6.7%；车辆规模为 101~300 辆的企业 2541 户，较 2022 年减少 36 户，占全国巡游出租汽车企业总数的 19.5%；车辆规模为 51~100 辆的企业 2177 户，较 2022 年减少 22 户，占全国巡游出租汽车企业总数的 16.7%；车辆规模在 50 辆（含）以下的企业 7431 户，较 2022 年减少 484 户，占全国巡游出租汽车企业总数的 57.1%。2023 年全国巡游出租汽车企业按车辆规模划分情况见图 6-6 和表 6-4。

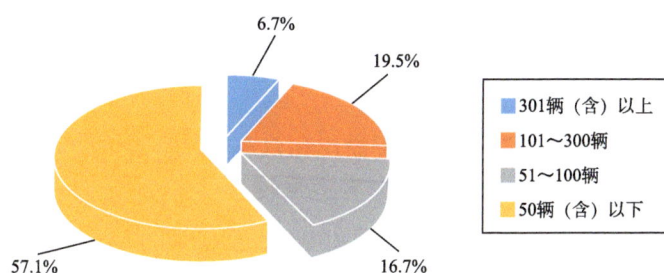

图 6-6　2023 年全国巡游出租汽车企业按车辆规模划分情况

2023 年全国巡游出租汽车企业按车辆规模划分情况　　　　表 6-4

数量	合计	企业车辆规模			
		301 辆（含）以上	101~300 辆	51~100 辆	50 辆（含）以下
2023 年经营业户（户）	13016	867	2541	2177	7431
占比（%）	—	6.7	19.5	16.7	57.1
2022 年经营业户（户）	13564	873	2577	2199	7915
占比（%）	—	6.4	19.0	16.2	58.4

第三节 运营指标

2023 年，巡游出租汽车运营里程 1213.61 亿公里，比 2022 年增加 176.40 亿公里，同比增长 17.0%，其中载客里程 767.77 亿公里。巡游出租汽车城市客运量 220.27 亿人次，巡游出租汽车城际城乡客运量 20.55 亿人次，合计比 2022 年增加 32.62 亿人次，同比增长 15.7%。2023 年全国巡游出租汽车运营主要呈现以下特征：

（1）运营里程有所提高。2019—2023 年全国巡游出租汽车运营里程总体呈下降趋势，尤其是 2020 年和 2022 年，受新冠疫情影响，巡游出租汽车运营里程分别同比下降 23.6% 和 15.2%，2023 年全国巡游出租汽车运营里程较 2022 年有所回升。2019—2023 年全国巡游出租汽车运营里程变化情况见图 6-7。

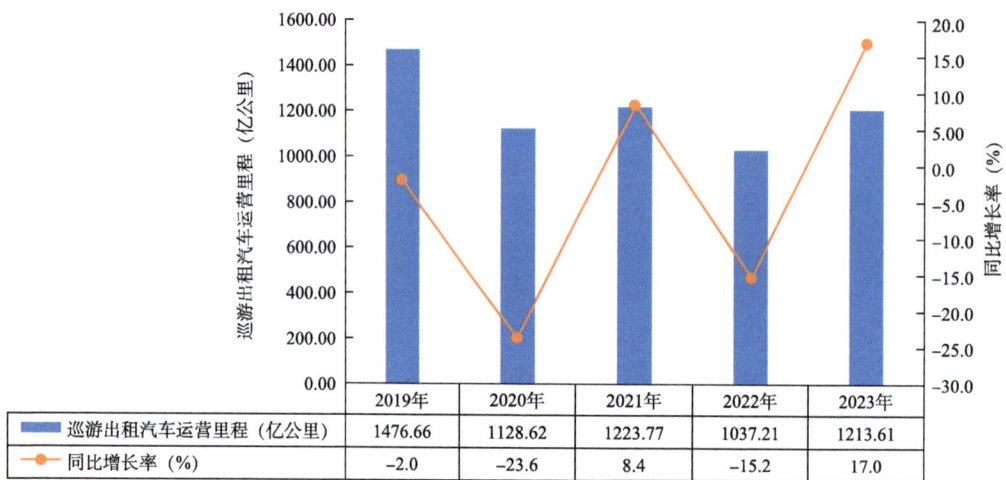

	2019年	2020年	2021年	2022年	2023年
巡游出租汽车运营里程（亿公里）	1476.66	1128.62	1223.77	1037.21	1213.61
同比增长率（%）	−2.0	−23.6	8.4	−15.2	17.0

图 6-7 2019—2023 年全国巡游出租汽车运营里程变化情况

（2）客运量有所回升。2019—2023 年全国巡游出租汽车客运量呈下降趋势，受新冠疫情影响，2020 年和 2022 年降幅较大，2023 年全国巡游出租汽车客运量较 2022 年有所回升。2019—2023 年全国巡游出租汽车客运量变化情况见图 6-8。

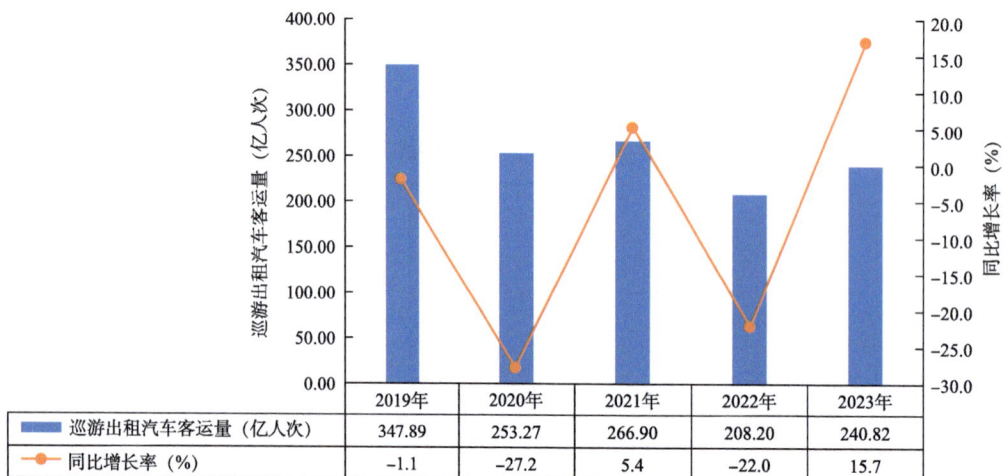

	2019年	2020年	2021年	2022年	2023年
巡游出租汽车客运量（亿人次）	347.89	253.27	266.90	208.20	240.82
同比增长率（%）	−1.1	−27.2	5.4	−22.0	15.7

图 6-8 2019—2023 年全国巡游出租汽车客运量变化情况

一、运营里程

2023 年，全国巡游出租汽车车均年运营里程为 8.88 万公里，比 2022 年增加 1.26 万公里，同比增长 16.5%。全国 31 个省（自治区、直辖市）的巡游出租汽车车均年运营里程相差较大，最多的为 15.38 万公里，最少的为 2.21 万公里。全国 31 个省（自治区、直辖市）中有 15 个省（自治区、直辖市）的巡游出租汽车车均年运营里程超过全国平均水平。2023 年全国 31 个省（自治区、直辖市）巡游出租汽车车均年运营里程情况见图 6-9 和表 6-5。

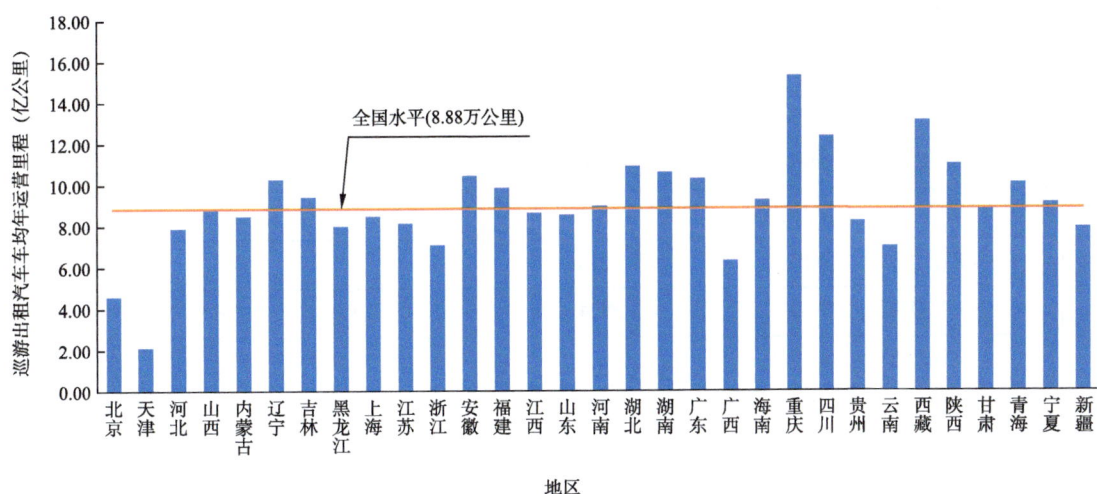

图 6-9　2023 年全国 31 个省（自治区、直辖市）巡游出租汽车车均年运营里程情况

2023 年全国 31 个省（自治区、直辖市）巡游出租汽车运营里程情况　　　　表 6-5

地区	运营里程（万公里）		同比增长率（%）	车均年运营里程（万公里）		同比增长率（%）
合计	12136065	(↑ 1763991)	17.0	8.88	(↑ 1.26)	16.5
北京	334409	(↑ 73727)	28.3	4.68	(↑ 0.97)	26.1
天津	70129	(↑ 15217)	27.7	2.21	(↑ 0.48)	27.7
河北	555895	(↑ 116681)	26.6	7.97	(↑ 1.72)	27.5
山西	368007	(↑ 66483)	22.0	8.84	(↑ 1.59)	21.9
内蒙古	578338	(↑ 91227)	18.7	8.57	(↑ 1.41)	19.6
辽宁	949832	(↑ 166111)	21.2	10.37	(↑ 1.82)	21.2
吉林	645156	(↑ 59757)	10.2	9.52	(↑ 0.90)	10.4
黑龙江	795898	(↑ 142207)	21.8	8.12	(↑ 1.45)	21.7
上海	276483	(↑ 72120)	35.3	8.58	(↑ 1.15)	15.5
江苏	431352	(↑ 61641)	16.7	8.23	(↑ 1.25)	17.9
浙江	311978	(↑ 2134)	0.7	7.18	(↑ 0.15)	2.1
安徽	581792	(↑ 106564)	22.4	10.54	(↑ 1.93)	22.4
福建	214077	(↑ 3753)	1.8	9.94	(↓ −0.08)	−0.8
江西	148509	(↑ 5666)	4.0	8.73	(↑ 0.41)	4.9
山东	599025	(↑ 40144)	7.2	8.65	(↑ 0.66)	8.3

续上表

地区	运营里程（万公里）	同比增长率（%）	车均年运营里程（万公里）	同比增长率（%）
河南	574919 （↑ 94521）	19.7	9.08 （↑ 1.51）	19.9
湖北	486365 （↑ 37322）	8.3	10.97 （↑ 0.76）	7.4
湖南	382955 （↑ 27564）	7.8	10.66 （↑ 0.65）	6.5
广东	531592 （↑ 19212）	3.7	10.39 （↑ 0.47）	4.8
广西	127781 （↑ 3728）	3.0	6.42 （↑ 0.33）	5.4
海南	58453 （↑ 11189）	23.7	9.32 （↑ 1.79）	23.8
重庆	372765 （↑ 36472）	10.8	15.38 （↑ 1.76）	12.9
四川	581635 （↑ 45638）	8.5	12.42 （↑ 0.71）	6.1
贵州	395837 （↑ 29227）	8.0	8.32 （↑ 0.39）	4.9
云南	227199 （↑ 43024）	23.4	7.13 （↑ 1.26）	21.4
西藏	31409 （↑ 7509）	31.4	13.20 （↑ 3.16）	31.4
陕西	419255 （↑ 97215）	30.2	11.07 （↑ 2.72）	32.6
甘肃	348974 （↑ 121154）	53.2	8.80 （↑ 2.94）	50.1
青海	143629 （↑ 54770）	61.6	10.15 （↑ 3.86）	61.4
宁夏	151499 （↑ 25041）	19.8	9.22 （↑ 1.54）	20.1
新疆	440919 （↑ 86974）	24.6	8.02 （↑ 1.61）	25.1

注：↑ 表示 2023 年较 2022 年增加，↓ 表示 2023 年较 2022 年减少。

全国 31 个省（自治区、直辖市）巡游出租汽车车均年运营里程较 2022 年均有所增加，同比增长16.5%。全国 31 个省（自治区、直辖市）中有 18 个省（自治区、直辖市）的巡游出租汽车车均年运营里程同比增长率超过全国水平。2023 年全国 31 个省（自治区、直辖市）巡游出租汽车车均年运营里程增长情况见图 6-10 和表 6-5。

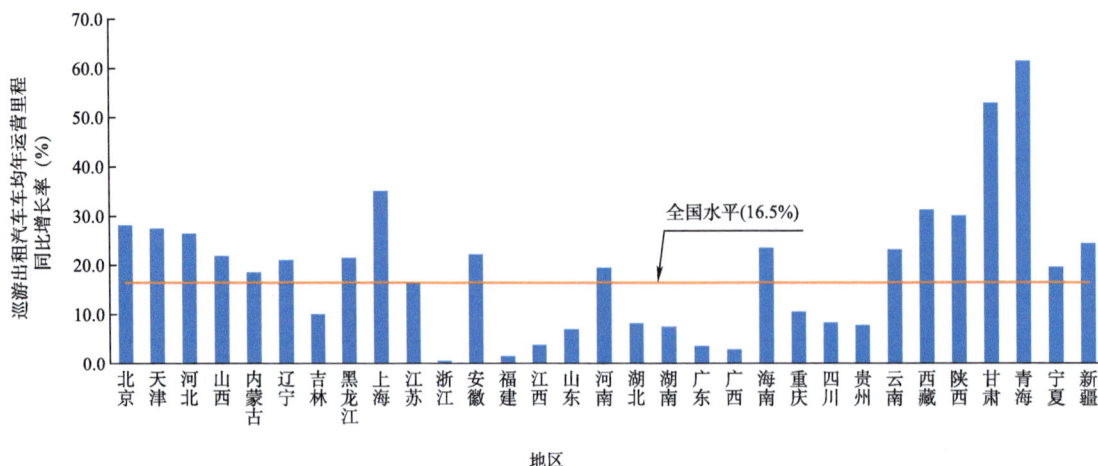

图 6-10　2023 年全国 31 个省（自治区、直辖市）巡游出租汽车车均年运营里程增长情况

二、客运量

2023 年，全国 31 个省（自治区、直辖市）巡游出租汽车平均客运量为 77683 万人次，有 12 个省（自治区）的巡游出租汽车客运量超过全国平均水平。2023 年全国 31 个省（自治区、直辖市）巡游出租汽车客运量情况见图 6-11 和表 6-6。

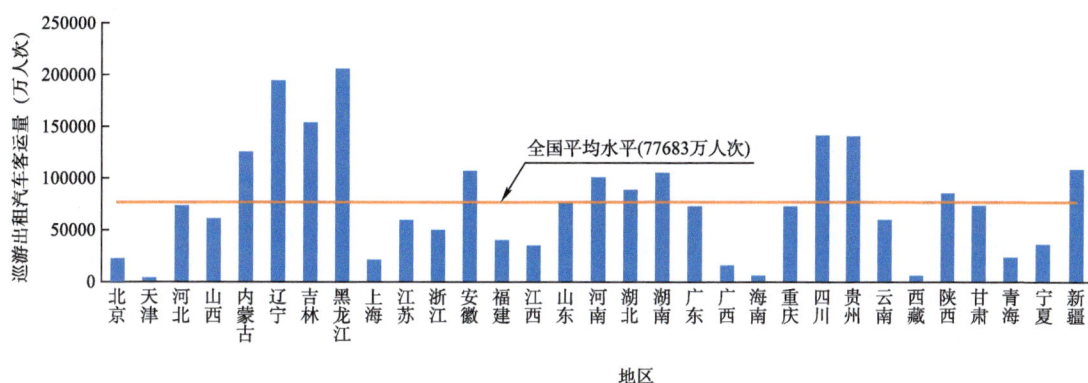

图 6-11　2023 年全国 31 个省（自治区、直辖市）巡游出租汽车客运量情况

2023 年全国 31 个省（自治区、直辖市）巡游出租汽车客运量情况　　表 6-6

地区	客运量（万人次）		地区	客运量（万人次）	
	城市客运量	城际城乡客运量		城市客运量	城际城乡客运量
合计	2202725	205454	河南	91936	10721
北京	22376	1491	湖北	85421	5073
天津	5013	209	湖南	96789	10801
河北	68509	6580	广东	72709	2058
山西	56232	6211	广西	16043	1389
内蒙古	115102	12862	海南	6699	414
辽宁	172764	22841	重庆	70761	3453
吉林	139128	16130	四川	135390	7805
黑龙江	187594	20147	贵州	133877	8506
上海	22324	65	云南	53479	7911
江苏	55097	6229	西藏	6693	311
浙江	48751	3416	陕西	77923	6314
安徽	98575	10141	甘肃	68469	5549
福建	40582	1441	青海	21494	3171
江西	32420	3973	宁夏	33010	3091
山东	68349	8720	新疆	99214	8433

全国 31 个省（自治区、直辖市）中，北京、天津、河北等 29 个省（自治区、直辖市）的巡游出租汽车客运量较 2022 年有所增加。11 个省（自治区、直辖市）的巡游出租汽车客运量高于全国水平。2023 年全国 31 个省（自治区、直辖市）巡游出租汽车客运量增长情况见图 6-12 和表 6-6。

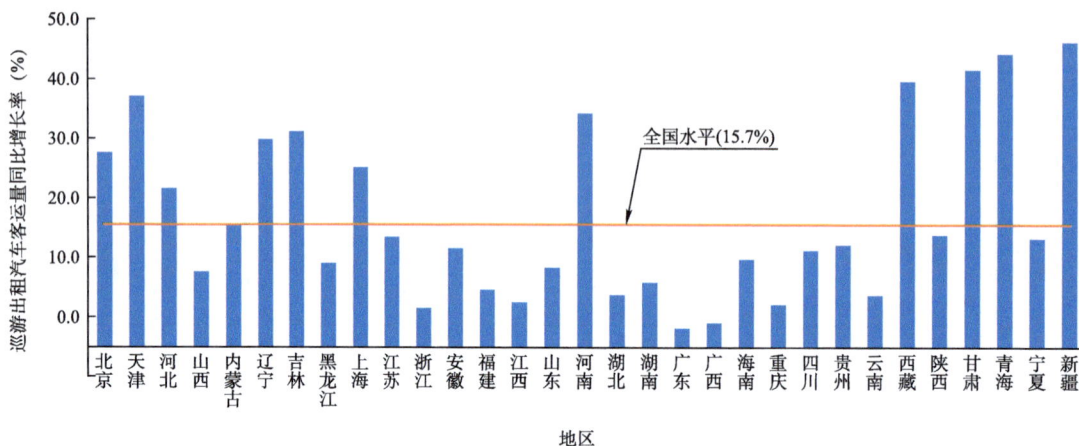

图 6-12　2023 年全国 31 个省（自治区、直辖市）巡游出租汽车客运量增长情况

三、里程利用率

2023 年，全国巡游出租汽车里程利用率为 63.3%。全国 31 个省（自治区、直辖市）中有 14 个省（自治区）的巡游出租汽车里程利用率超过全国水平。2023 年全国 31 个省（自治区、直辖市）巡游出租汽车里程利用率情况见图 6-13 和表 6-7。

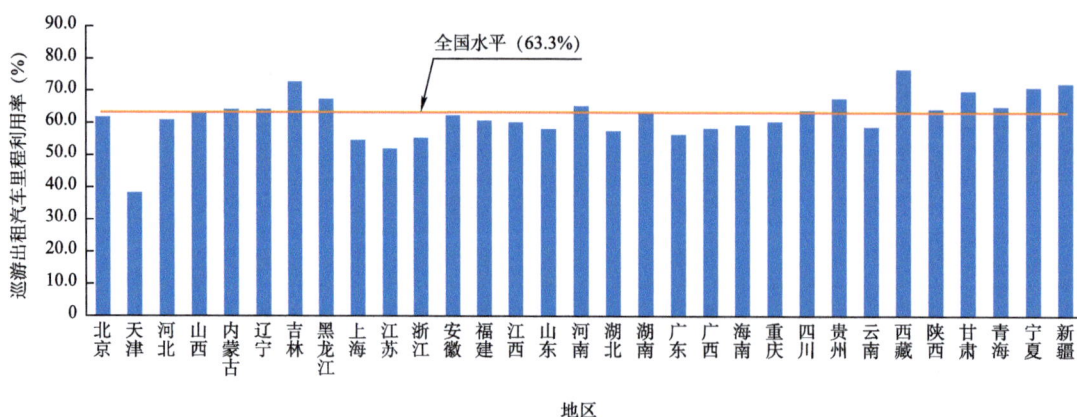

图 6-13　2023 年全国 31 个省（自治区、直辖市）巡游出租汽车里程利用率情况

2023 年全国 31 个省（自治区、直辖市）巡游出租汽车里程利用率情况　　表 6-7

地区	载客里程 （万公里）	里程利用率 （%）	地区	载客里程 （万公里）	里程利用率 （%）
北京	208124	62.2	湖北	282139	58.0
天津	27176	38.8	湖南	243382	63.6
河北	341275	61.4	广东	301427	56.7
山西	232864	63.3	广西	74985	58.7
内蒙古	374129	64.7	海南	34980	59.8
辽宁	613965	64.6	重庆	227024	60.9
吉林	472340	73.2	四川	373437	64.2
黑龙江	539121	67.7	贵州	269732	68.1
上海	151698	54.9	云南	134808	59.3
江苏	225327	52.2	西藏	24243	77.2
浙江	174134	55.8	陕西	271367	64.7
安徽	364995	62.7	甘肃	245336	70.3
福建	130921	61.2	青海	93833	65.3
江西	89845	60.5	宁夏	108379	71.5
山东	349741	58.4	新疆	320123	72.6
河南	376867	65.6			

第七章　汽车租赁

　　截至 2023 年底，全国纳入统计的汽车租赁车辆为 23.06 万辆，其中客车 23.06 万辆、9 座及以下客车 22.67 万辆。纳入统计的汽车租赁经营业户为 11464 户，从业人员为 5.85 万人。2023 年全国汽车租赁发展情况见表 7-1。

2023 年全国汽车租赁发展情况　　　　　　　　　　　表 7-1

数据类型	单位	2023 年	比 2022 年新增	同比增长率（%）
车辆数	万辆	23.06	0.92	4.2
客车数	万辆	23.06	0.93	4.2
9 座及以下客车数	万辆	22.67	0.95	4.4
经营业户数	户	11464	3521	44.3
从业人数	万人	5.85	0.71	13.8

第一节　行业规模

　　截至 2023 年底，全国拥有汽车租赁车辆 23.06 万辆，比 2022 年增加 0.92 万辆，同比增长 4.2%。其中 5 座及以下客车 19.43 万辆，6~9 座客车 3.24 万辆，10 座及以上客车 0.38 万辆。2023 年全国 31 个省（自治区、直辖市）汽车租赁车辆发展情况见表 7-2。

2023 年全国 31 个省（自治区、直辖市）汽车租赁车辆发展情况　　　　表 7-2

地区	汽车租赁车辆数（辆）					同比增长率（%）
		客车				
			5 座及以下	6~9 座	10 座及以上	
合计	230599	230551	194302	32426	3823	4.2
北京	34755	34755	31281	3474	—	−19.1
天津	9	9	9	—	—	—
河北	227	220	190	30	—	427.9
山西	3717	3717	3050	641	26	−9.5
内蒙古	228	228	218	8	2	11300.0
辽宁	59	59	43	16	—	9.3
吉林	107	107	84	20	3	98.1
黑龙江	9665	9665	7771	1894	—	3376.6
上海	53934	53934	45863	7955	116	4.8
江苏	8648	8626	5619	2762	245	−14.4
浙江	35634	35634	30773	2597	2264	−14.9
安徽	696	696	628	27	41	3.9

地区	汽车租赁车辆数（辆）					同比增长率（%）
		客车				
			5 座及以下	6~9 座	10 座及以上	
福建	2474	2474	2178	296	—	−28.2
江西	492	492	402	88	2	−34.9
山东	1900	1900	1267	597	36	24.3
河南	96	96	52	35	9	585.7
湖北	1677	1677	1406	259	12	22.4
湖南	250	250	20	20	210	−0.4
广东	30633	30633	26177	4195	261	5.9
广西	423	423	302	104	17	43.4
海南	20722	20722	19667	1055	—	75.7
重庆	9823	9811	8364	1131	316	−8.2
四川	3667	3667	2780	860	27	12.6
贵州	1168	1168	922	211	35	294.6
云南	3863	3856	2149	1707	—	12.5
西藏	259	259	103	149	7	86.3
陕西	—	—	—	—	—	—
甘肃	1574	1574	1112	429	33	17.1
青海	79	79	74	5	—	—
宁夏	405	405	359	46	—	17.7
新疆	3415	3415	1439	1815	161	86.3

2023 年全国汽车租赁车辆主要呈现以下特征：

（1）汽车租赁车辆数有所回升。2019—2022 年全国汽车租赁车辆规模呈下降趋势，从 22.88 万辆减少至 22.14 万辆。2023 年全国汽车租赁车辆规模有所回升，比 2022 年略有增加。2019—2023 年全国汽车租赁车辆数变化情况见图 7-1。

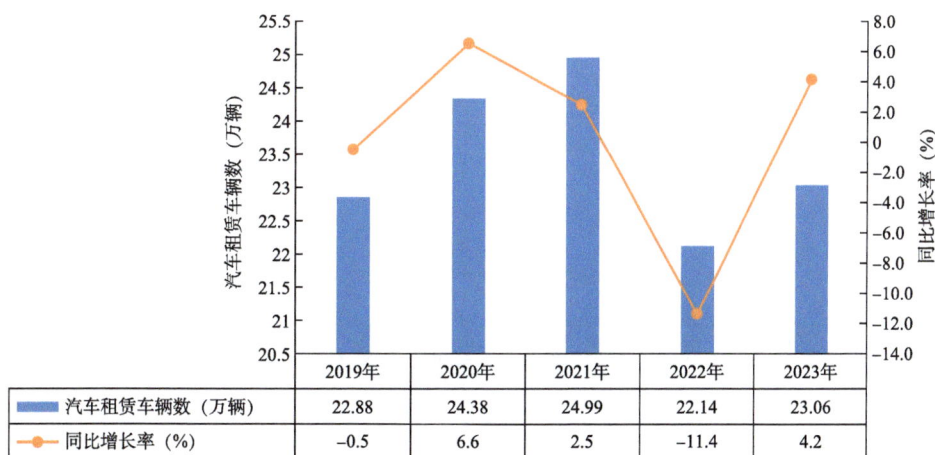

	2019年	2020年	2021年	2022年	2023年
汽车租赁车辆数（万辆）	22.88	24.38	24.99	22.14	23.06
同比增长率（%）	−0.5	6.6	2.5	−11.4	4.2

图 7-1　2019—2023 年全国汽车租赁车辆数变化情况

（2）汽车租赁车辆以小微型客车（9 座及以下客车）为主。截至 2023 年底，小微型客车 22.67 万辆，占汽车租赁车辆数的 98.32%。其中 5 座及以下客车 19.43 万辆，6~9 座客车 3.24 万辆。2023 年全国汽车租赁车辆不同类型划分情况见图 7-2 和表 7-3。

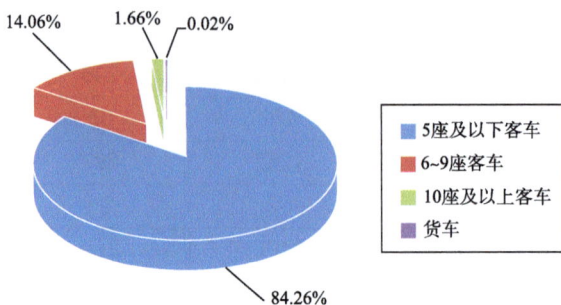

图 7-2　2023 年全国汽车租赁车辆不同类型划分情况

2023 年全国汽车租赁车辆不同类型划分情况　　　　　　表 7-3

数量	车辆类型				货车
	客车				
	5 座及以下	6~9 座	10 座及以上		
2023 年车辆（万辆）	23.06	19.43	3.24	0.38	0.005
占比（%）	99.98	84.26	14.06	1.66	0.02

2023 年，全国 31 个省（自治区、直辖市）汽车租赁平均车辆数为 7439 辆。全国 31 个省（自治区、直辖市）中，天津、河北、内蒙古等 22 个省（自治区、直辖市）的汽车租赁车辆数较 2022 年增加；北京、山西、江苏等 8 个省（自治区、直辖市）的汽车租赁车辆数较 2022 年减少；陕西汽车租赁车辆与 2022 年持平。2023 年全国 31 个省（自治区、直辖市）汽车租赁车辆数量及其增长情况见图 7-3 和表 7-2。

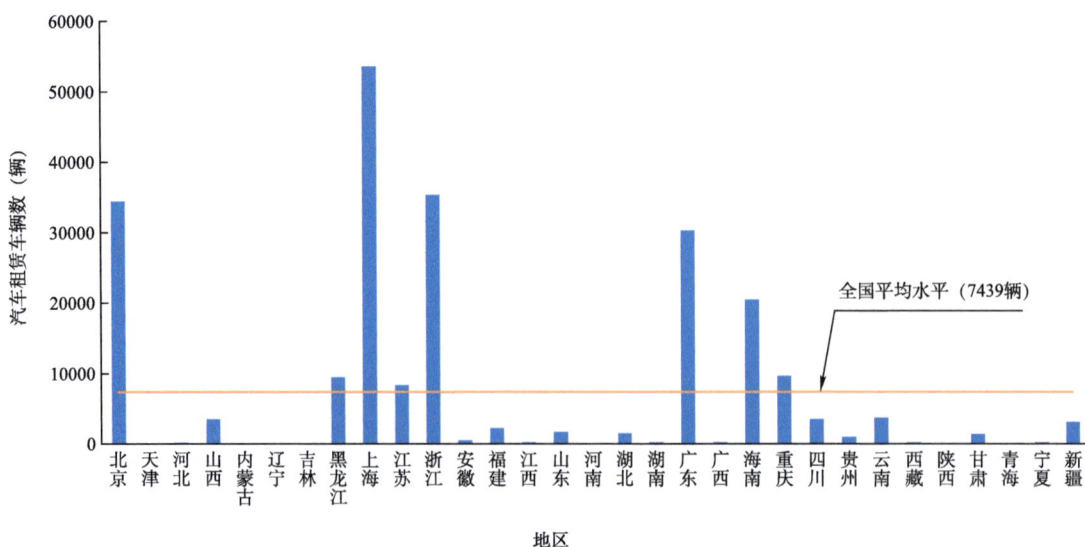

图 7-3　2023 年全国 31 个省（自治区、直辖市）汽车租赁车辆数量情况

第二节　经营主体

一、租赁企业

截至 2023 年底，全国汽车租赁经营业户共 11464 户，比 2022 年增加 3521 户，同比增长 44.33%。2023 年全国 31 个省（自治区、直辖市）汽车租赁经营业户发展情况见表 7-4。

2023 年全国 31 个省（自治区、直辖市）汽车租赁经营业户发展情况　　表 7-4

| 地区 | 汽车租赁经营业户数（户） | | | | | | | 同比增长率（%） |
	10 辆以下	10~49 辆	50~99 辆	100~499 辆	500~999 辆	1000~4999 辆	5000 辆及以上	
合计	11464	8938	1873	330	247	46	28	2	44.3
北京	577	295	179	47	41	11	3	1	−1.0
天津	5	5	—	—	—	—	—	—	—
河北	47	40	6	1	—	—	—	—	487.5
山西	237	118	110	6	3	—	—	—	−14.4
内蒙古	121	120	—	1	—	—	—	—	12000.0
辽宁	30	29	1	—	—	—	—	—	100.0
吉林	94	94	—	—	—	—	—	—	77.4
黑龙江	435	164	191	65	12	1	2	—	1142.9
上海	238	13	40	77	92	7	8	1	0
江苏	359	155	175	18	8	2	1	—	6.8
浙江	1632	1359	198	29	27	15	4	—	10.0
安徽	62	47	13	1	1	—	—	—	−19.5
福建	140	65	70	1	3	1	—	—	−14.6
江西	154	131	23	—	—	—	—	—	43.9
山东	505	455	45	5	—	—	—	—	183.7
河南	27	25	2	—	—	—	—	—	1250.0
湖北	410	330	79	1	—	—	—	—	12.6
湖南	5	1	3	1	—	—	—	—	0
广东	1073	934	86	16	27	4	6	—	20.2
广西	101	86	13	2	—	—	—	—	87.0
海南	1420	1286	92	18	16	5	3	—	84.9
重庆	549	322	191	25	10	—	1	—	36.2
四川	302	177	119	5	1	—	—	—	117.3

续上表

地区	汽车租赁经营业户数（户）							同比增长率（%）
	10 辆以下	10~49 辆	50~99 辆	100~499 辆	500~999 辆	1000~4999 辆	5000 辆及以上	
贵州	237	224	11	—	2	—	—	374.0
云南	997	915	75	3	4	—	—	18.0
西藏	39	31	7	1	—	—	—	95.0
陕西	—	—	—	—	—	—	—	0
甘肃	325	275	49	1	—	—	—	27.5
青海	49	49	—	—	—	—	—	—
宁夏	120	110	9	1	—	—	—	90.5
新疆	1174	1083	86	5	—	—	—	123.2

2023 年全国汽车租赁业户主要呈现以下特征：

（1）汽车租赁经营业户数有所增加。2019—2022 年全国汽车租赁经营业户数相对平稳。2023 年全国汽车租赁经营业户数较 2022 年增长幅度较大。2019—2023 年全国汽车租赁经营业户数量变化情况见图 7-4。

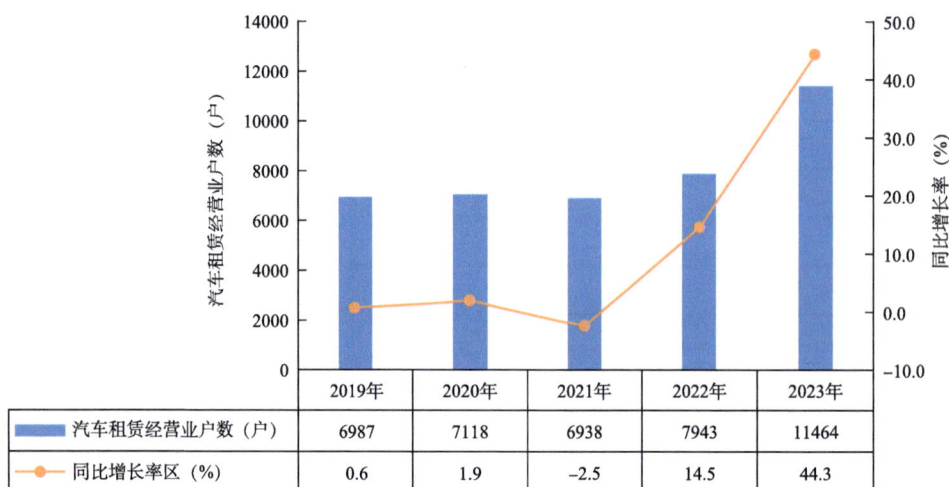

图 7-4　2019—2023 年全国汽车租赁经营业户数量变化情况

（2）汽车租赁车辆 49 辆及以下的经营业户占主体。汽车租赁车辆 49 辆及以下的经营业户 10811 户，占汽车租赁经营业户的 94.30%。其中汽车租赁车辆 10 辆以下的经营业户 8938 户，占汽车租赁经营业户的 77.97%；汽车租赁车辆 10~49 辆的经营业户 1873 户，占汽车租赁经营业户的 16.34%；汽车租赁车辆 50~99 辆的经营业户 330 户，占汽车租赁经营业户的 2.88%；汽车租赁车辆 100~499 辆的经营业户 247 户，占汽车租赁经营业户的 2.15%；汽车租赁车辆 500~999 辆的经营业户 46 户，占汽车租赁经营业户的 0.40%；汽车租赁车辆 1000 辆及以上的经营业户 30 户，占汽车租赁经营业户数的 0.26%，其中汽车租赁车辆 5000 辆及以上的经营业户 2 户[1]，占汽车租赁经营业户的 0.02%。2023 年全国汽车租赁经营业户按

---

[1]　根据《2023 年道路运输统计年报资料汇编》，2023 年汽车租赁经营业户数统计口径调整为 10 辆以下，10~49 辆，50~99 辆，100~499 辆，500~999 辆，1000~4999 辆，5000 辆及以上。

车辆规模划分情况见图7-5和表7-5。

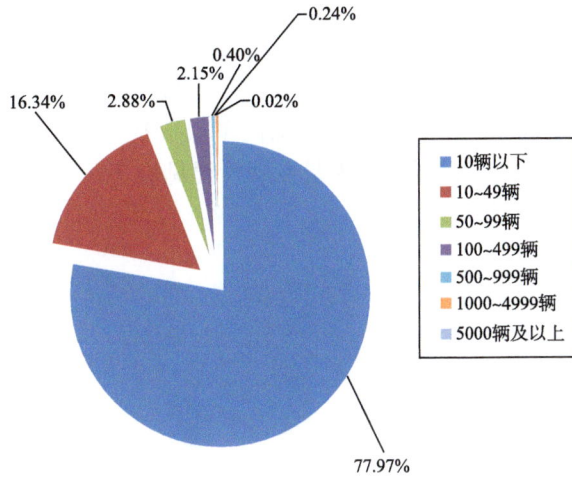

图7-5　2023年全国汽车租赁经营业户按车辆规模划分情况

2023年全国汽车租赁业户按车辆规模划分情况　　　　表7-5

数量	企业车辆规模						
	10辆以下	10~49辆	50~99辆	100~499辆	500~999辆	1000~4999辆	5000辆及以上
2023年经营业户（户）	8938	1873	330	247	46	28	2
占比（%）	77.97	16.34	2.88	2.15	0.40	0.24	0.02

截至2023年底，全国31个省（自治区、直辖市）汽车租赁经营平均业户为370户。全国31个省（自治区、直辖市）中，天津、河北、内蒙古等24个省（自治区、直辖市）的汽车租赁业户数较2022年增加，其中黑龙江、山东、海南、新疆等省（自治区、直辖市）的汽车租赁业户数增长较大；北京、山西、安徽、福建4个省（直辖市）的汽车租赁业户数较2022年减少；上海、湖南、陕西3个省（直辖市）的汽车租赁经营业户数与2022年持平。2023年全国31个省（自治区、直辖市）汽车租赁经营业户数量及其增长情况见图7-6和表7-4。

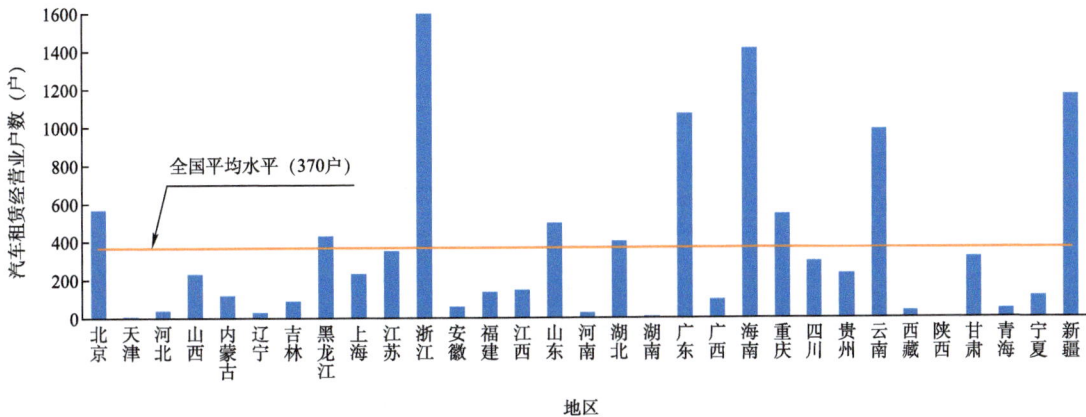

图7-6　2023年全国31个省（自治区、直辖市）汽车租赁经营业户数量情况

二、从业人员

截至 2023 年底，全国汽车租赁从业人员 5.85 万人，比 2022 年增加 0.71 万人，同比增长 13.8%。2019 年、2020 年全国汽车租赁从业人数总体呈上升趋势，2021 年、2022 年全国汽车租赁从业人数下降，2023 年全国汽车租赁从业人数有所回升。2019—2023 年全国汽车租赁从业人员数量变化情况见图 7-7。2023 年全国 31 个省（自治区、直辖市）汽车租赁从业人员发展情况见表 7-6。

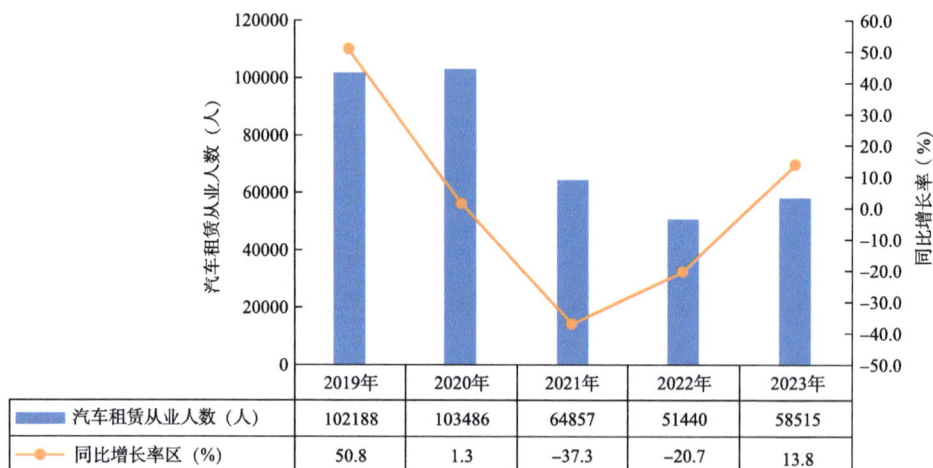

	2019年	2020年	2021年	2022年	2023年
汽车租赁从业人数（人）	102188	103486	64857	51440	58515
同比增长率区（%）	50.8	1.3	−37.3	−20.7	13.8

图 7-7　2019—2023 年全国汽车租赁从业人员数量变化情况

2023 年全国 31 个省（自治区、直辖市）汽车租赁从业人员数量发展情况　　表 7-6

地区	汽车租赁从业人数（人）	同比增长率（%）	地区	汽车租赁从业人数（人）	同比增长率（%）
合计	58515	13.8	河南	77	285.0
北京	4385	−20.3	湖北	1639	13.3
天津	5	—	湖南	390	−9.5
河北	124	785.7	广东	11316	5.5
山西	1680	−22.8	广西	298	89.8
内蒙古	151	15000.0	海南	3295	34.7
辽宁	71	273.7	重庆	2899	32.0
吉林	113	—	四川	2448	39.1
黑龙江	3865	6801.8	贵州	391	428.4
上海	1489	6.1	云南	2705	31.3
江苏	1882	1.6	西藏	126	50.0
浙江	12196	−13.2	陕西	—	—
安徽	362	13.5	甘肃	1342	32.0
福建	765	−9.5	青海	166	—
江西	454	70.7	宁夏	449	20.4
山东	1689	85.8	新疆	1743	41.1

截至 2023 年底，全国 31 个省（自治区、直辖市）汽车租赁平均从业人员为 1888 人。全国 31 个省（自治区、直辖市）中，天津、河北、内蒙古等 25 个省（自治区、直辖市）的汽车租赁从业人数较 2022 年增长，其中黑龙江、山东、重庆等省（自治区、直辖市）的增长幅度较大；北京、山西、浙江等 5 个省（自治区、直辖市）的汽车租赁从业人数较 2022 年减少；陕西省汽车租赁从业人数与 2022 年持平。2023 年全国 31 个省（自治区、直辖市）汽车租赁从业人员及其增长情况见图 7-8 和表 7-6。

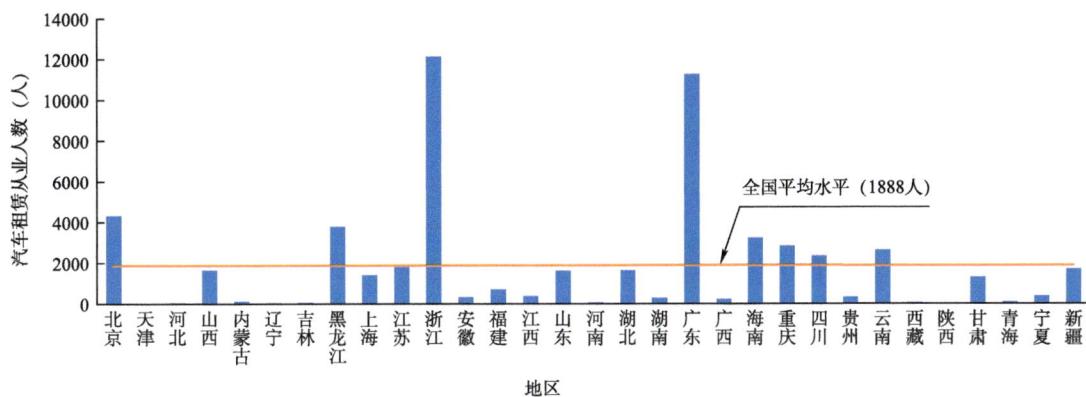

图 7-8　2023 年全国 31 个省（自治区、直辖市）汽车租赁从业人员数量情况

中国城市客运发展报告简明手册

（2023）

中华人民共和国交通运输部

说　　明

一、本手册由交通运输部运输服务司、交通运输部科学研究院组织编写。交通运输部科学研究院城市交通与轨道交通研究中心承担具体的编写工作。

二、本手册包括全国城市公共汽电车、城市轨道交通、巡游出租汽车、汽车租赁等城市客运主要统计数据，数据来源为《道路运输统计年报资料汇编》《交通运输企业统计调查制度》《交通运输部门统计调查制度》等。

三、本手册中全国统计数据未包括中国香港特别行政区、澳门特别行政区和台湾省的数据，表格中符号"—"表示该项数据为零，或没有该项数据，或该项数据不详。

四、本手册中部分数据的合计数和相对数由于单位取舍不同而产生的计算误差未作调整。

目　　录

综　　述

城市客运❶系统包括城市公共汽电车、城市轨道交通、出租汽车（含巡游出租汽车和网络预约出租汽车）、汽车租赁、互联网租赁自行车、城市客运轮渡等。截至2023年底，全国城市客运系统基本情况如下：

城市公共汽电车运营车辆68.25万辆（折合77.21万标台），其中新能源车辆55.44万辆；运营线路7.98万条，运营线路长度173.39万公里；经营业户4308户，其中个体经营业户97户；运营里程310.84亿公里。

全国有55个城市开通了城市轨道交通，2023年新开通2个城市；配属车辆6.67万辆；运营线路308条，运营里程10158.6公里；车站数5923个，其中换乘站723个；经营业户94户。

---

❶　网络预约出租汽车、互联网租赁自行车数据暂未纳入统计，汽车租赁业务在部分省（自治区、直辖市）未纳入交通运输主管部门管理。

巡游出租汽车运营车辆136.74万辆，其中新能源车辆41.72万辆；经营业户16.12万户，其中个体经营业户14.82万户；运营里程1213.61亿公里，里程利用率63.3%。

纳入统计的汽车租赁车辆23.06万辆，其中9座及以下客车22.67万辆；经营业户11464户，从业人员5.85万人。

全年完成城市客运量951.88亿人次，其中公共汽电车城市客运量380.50亿人次，公共汽电车城际城乡客运量35.85亿人次[1]；城市轨道交通客运量293.89亿人次；巡游出租汽车城市客运量220.27亿人次，巡游出租汽车城际城乡客运量20.55亿人次[2]。

---

[1] 根据《交通运输部办公厅关于印发客运统计改革实施方案的通知》（交办规划〔2023〕61号），2023年城市公共汽电车客运量统计口径调整为公共汽电车城市客运量、公共汽电车城际城乡客运量。

[2] 根据《交通运输部办公厅关于印发客运统计改革实施方案的通知》（交办规划〔2023〕61号），2023年巡游出租汽车客运量统计口径调整为巡游出租汽车城市客运量、巡游出租汽车城际城乡客运量。

一、城市公共汽电车

（一）行业概况

截至 2023 年底，全国拥有城市公共汽电车运营车辆 68.25 万辆（折合 77.21 万标台），比 2022 年减少 20654 辆，同比下降 2.9%。其中，新能源车辆 55.44 万辆，占比 81.2%，比 2022 年增加 1.19 万辆，同比增长 2.2%；快速公交系统（BRT）运营车辆 10797 辆，占比 1.6%。

截至 2023 年底，我国共有城市公共汽电车运营线路 79844 条，比 2022 年增加 1824 条，同比增长 2.3%。运营线路长度 173.39 万公里，比 2022 年增加 6.94 万公里，同比增长 4.2%。公交专用车道长度 20275.7 公里，比 2022 年增加 405.3 公里，同比增长 2.0%。BRT 线路长度 7656 公里。无轨电车运营线路长度 1373 公里。

全国拥有城市公共汽电车经营业户 4308 户，其中个体经营业户 97 户。

全年完成公共汽电车城市客运量 380.50 亿人次，公共汽电车城际城乡客运量 35.85 亿人次，合计占城市客运行业总客运量 43.7%，比 2022 年增加 62.97 亿人次，同比增长 17.8%。

全年完成城市公共汽电车运营里程 310.84 亿公里，比 2022 年增加 19.25 亿公里，同比增长 6.6%。

（二）2014—2023 年全国城市公共汽电车基础数据

2014—2023 年全国城市公共汽电车基础数据见表 1。

（三）2023 年全国各省（自治区、直辖市）城市公共汽电车统计数据

2023 年全国各省（自治区、直辖市）城市公共汽电车统计数据见表 2。

项目	2014	2015	2016	201
运营车辆数（万辆）	52.88	56.18	60.86	65.1
新能源车辆数（万辆）	3.66	8.67	16.46	25.7
BRT车辆数（辆）	5339	6163	7689	880
运营线路条数（条）	45052	48905	52789	5678
运营线路长度（万公里）	81.78	89.43	98.12	106.
BRT线路长度（公里）	2790	3081	3434	342
公交专用道长度（公里）	6897.3	8569.1	9777.8	10914
经营业户数（户）	3665	3844	3887	396
个体经营户数（户）	—	213	263	235
从业人员数（万人）	127.98	133.23	135.26	
客运量（亿人次）	781.88	765.40	745.35	722.8
运营里程（亿公里）	346.69	352.33	358.32	355.2

注：1. 2014 年全国城市公共汽电车个体经营户数未统计。

2. 2017 年以后不再统计全国城市公共汽电车从业人员数。

3. 2020 年以后不再统计全国 IC 卡刷卡量。

共汽电车基础数据 **表 1**

年份（年）					
018	2019	2020	2021	2022	2023
7.34	69.33	70.44	70.94	70.32	68.25
4.19	40.97	46.61	50.89	54.26	55.44
110	9502	9891	9749	10483	10797
0590	65730	70643	75770	78020	79844
19.95	133.62	148.21	159.38	166.45	173.39
119	6150	6682	7558	7355	7656
850.2	14951.7	16551.6	18263.8	19870.4	20275.7
013	4144	4252	4188	4244	4308
137	137	136	86	98	97
—	—	—	—	—	—
97.00	691.76	442.36	489.16	353.37	城市客运量380.50，城际城乡客运量35.85
46.10	354.13	302.79	335.27	291.60	310.84

地区	运营车辆数（万辆）			运营线路条数（条）	运营线路长度（万公里）	
		新能源运营车辆数（万辆）	BRT运营车辆数（辆）			BRT线路长（公里）
全国	68.25	55.44	10797	79844	173.39	7656
北京	2.34	1.57	273	1285	2.97	81
天津	0.97	0.77	—	1022	2.89	—
河北	3.31	2.74	—	3714	9.49	—
山西	1.52	1.46	—	2271	5.43	—
内蒙古	1.10	0.68	—	1549	4.94	—
辽宁	2.22	1.63	48	2289	4.38	14
吉林	1.24	0.91	—	1760	5.03	—
黑龙江	1.85	1.33	—	2008	4.88	—
上海	1.74	1.59	35	1577	2.45	21
江苏	5.14	4.23	740	6304	12.59	1058
浙江	4.59	3.62	770	9034	17.58	944
安徽	2.82	2.46	1149	3896	9.05	151
福建	2.02	1.86	341	2679	4.83	55
江西	1.56	1.23	142	2484	5.69	13
山东	6.40	5.22	569	6901	18.27	550

交专用车道长度（公里）	经营业户数（户）	客运量（亿人次）		运营里程（亿公里）
		城市客运量（亿人次）	城际城乡客运量（亿人次）	
20275.7	4308	380.50	35.85	310.84
1005.0	1	17.85	3.02	11.51
194.0	16	4.53	0.19	4.23
516.3	236	8.75	1.23	11.62
601.9	165	9.02	1.11	6.37
343.6	215	5.87	0.37	5.05
1396.2	147	19.23	0.72	8.80
336.2	121	9.67	0.42	6.13
275.4	287	12.44	0.70	8.16
514.3	32	10.82	0.03	9.62
1978.6	114	19.19	2.07	24.34
908.1	155	16.41	4.06	23.76
895.4	154	10.17	2.29	13.47
293.7	112	13.43	1.18	10.44
589.2	177	6.72	1.09	6.90
1699.1	256	24.31	2.63	25.67

地区	运营车辆数（万辆）		BRT运营车辆数（辆）	运营线路条数（条）	运营线路长度（万公里）	BRT线路长度（公里）
		新能源运营车辆数（万辆）				
河南	3.38	3.02	2582	2918	5.53	1405
湖北	2.51	2.03	485	2508	4.93	525
湖南	3.21	3.12	218	3275	6.70	93
广东	6.31	6.17	1537	5689	12.21	1178
广西	1.39	1.06	219	1920	4.26	418
海南	0.49	0.39	—	636	1.39	—
重庆	1.52	1.00	—	1717	2.97	
四川	3.20	2.14	772	3660	6.11	600
贵州	1.09	0.81	172	1306	2.61	362
云南	1.56	0.98	—	2490	5.69	—
西藏	0.09	0.08	—	133	0.34	
陕西	1.82	1.48	—	1627	3.10	—
甘肃	1.01	0.75	70	1112	2.53	14
青海	0.38	0.27	—	518	1.22	—
宁夏	0.44	0.32	151	541	1.14	75
新疆	1.05	0.54	524	1021	2.19	102

交专用车道长度（公里）	经营业户数（户）	客运量（亿人次）		运营里程（亿公里）
		城市客运量（亿人次）	城际城乡客运量（亿人次）	
1918.2	162	13.73	0.83	13.19
718.5	137	17.56	1.28	11.92
635.3	215	16.67	1.92	11.39
1683.5	225	31.32	2.34	32.70
387.2	180	6.20	0.70	6.42
120.1	39	1.25	0.15	2.58
235.1	77	19.69	0.96	8.29
1055.6	257	27.06	1.88	15.17
334.2	152	11.89	1.10	5.46
291.5	192	7.53	0.86	6.09
46.0	13	0.73	0.00	0.46
639.1	151	14.19	0.71	8.29
160.4	104	10.04	0.97	5.17
75.4	40	2.71	0.38	1.71
155.8	47	2.23	0.13	1.50
272.9	129	9.30	0.54	4.42

二、城市轨道交通

（一）行业概况

截至 2023 年底，全国共有 55 个城市开通城市轨道交通，其中 2023 年统计新增 2 个城市，分别为红河、咸阳。

全国拥有城市轨道交通配属车辆 66659 辆，比 2022 年增加 4102 辆，同比增长 6.6%。

全国拥有城市轨道交通运营线路 308 条，比 2022 年增加 16 条，同比增长 5.5%。运营里程 10158.6 公里，比 2022 年增加 604.0 公里，同比增长 6.3%。

全国拥有城市轨道交通车站 5923 个，比 2022 年增加 326 个，同比增长 5.8%。其中，换乘站 723 个，比 2022 年增加 60 个，同比增长 9.0%。

全国拥有城市轨道交通经营业户 94 户。

全年完成城市轨道交通客运量 293.9 亿人

次，占城市客运行业总客运量 30.9%，比 2022 年增加 100.8 亿人次，同比增长 52.2%。

全年完成城市轨道旅客周转量 2465.6 亿人公里，比 2022 年增加 835.8 亿人公里，同比增长 51.3%。

（二）2014—2023 年全国城市轨道交通基础数据

2014—2023 年全国城市轨道交通基础数据见表 3。

（三）2023 年全国各城市开通城市轨道交通统计数据

2023 年全国开通城市轨道交通统计数据见表 4。

项目				
	2014	2015	2016	2017
开通运营城市数（个）	22	26	30	34
配属车辆数（辆）	17300	19941	23791	2870
运营线路条数（条）	92	105	124	153
运营里程（公里）	2816.1	3195.4	3727.5	4583.
车站数（个）	1829	2092	2468	3047
换乘站数（个）	151	180	254	272
经营业户数（户）	31	35	42	49
客运量（亿人次）	126.7	140.0	161.5	184.3
旅客周转量（亿人公里）	—	—	1361.7	1587.

年份（年）					
2018	2019	2020	2021	2022	2023
35	41	43	51	53	55
34012	40998	49424	57286	62557	66659
171	190	226	275	292	308
5295.1	6172.2	7354.7	8735.6	9554.6	10158.6
3408	4007	4766	5284	5597	5923
319	368	466	574	663	723
50	59	66	81	87	94
212.8	238.8	175.9	237.3	193.1	293.9
1795.2	1994.9	1480.5	1982.9	1629.8	2465.6

城市	配属车辆数（辆）								运营线路条数（条）						
		地铁	轻轨	单轨	有轨电车	磁悬浮	自动导向	市域快速轨道		地铁	轻轨	单轨	有轨电车	磁悬浮	自动导向
全国	66659	6192	1138	1194	1663	110	44	586	308	256	7	4	32	3	1
北京	7512	7402	—	—	50	60	—	—	27	24	—	—	2	1	—
天津	1646	1494	152	—	—	—	—	—	9	8	1	—	—	—	—
石家庄	486	486	—	—	—	—	—	—	3	3	—	—	—	—	—
太原	144	144	—	—	—	—	—	—	1	1	—	—	—	—	—
呼和浩特	312	312	—	—	—	—	—	—	2	2	—	—	—	—	—
沈阳	1343	1128	—	—	215	—	—	—	11	5	—	—	6	—	—
大连	939	570	296	—	73	—	—	—	8	3	3	—	2	—	—
长春	996	306	690	—	—	—	—	—	5	2	3	—	—	—	—
哈尔滨	594	594	—	—	—	—	—	—	3	3	—	—	—	—	—
上海	7249	7188	—	—	—	17	44	—	20	18	—	—	—	1	1
南京	2266	2166	—	—	100	—	—	—	14	12	—	—	2	—	—
无锡	624	624	—	—	—	—	—	—	4	4	—	—	—	—	—
徐州	362	362	—	—	—	—	—	—	3	3	—	—	—	—	—
常州	330	330	—	—	—	—	—	—	2	2	—	—	—	—	—
苏州	1689	1482	—	—	207	—	—	—	8	6	—	—	2	—	—
昆山	—	—	—	—	—	—	—	—	—	—	—	—	—	—	—
南通	306	306	—	—	—	—	—	—	2	2	—	—	—	—	—
淮安	104	—	—	—	104	—	—	—	1	—	—	—	1	—	—

轨道交通统计数据　　　　　　　　　　　　　　　表4

	运营里程（公里）							车站数（个）		客运量（万人次）	旅客周转量（万人公里）
	地铁	轻轨	单轨	有轨电车	磁悬浮	自动导向	市城快速轨道		换乘站数（个）		
158.6	9042.3	267.5	144.7	443.4	57.8	6.0	196.9	5923	723	2938913.0	24656083.4
36.0	804.8	—	—	21.0	10.2	—	—	398	83	345135.4	3297511.5
98.3	246.0	52.3	—	2.0	—	—	—	192	24	57138.6	423595
74.3	74.3	—	—	—	—	—	—	60	3	17310.8	97024.8
23.3	23.3	—	—	—	—	—	—	22	—	4382.4	29247.6
49.0	49.0	—	—	—	—	—	—	43	1	6763.9	38353.5
28.2	159.6	—	—	68.6	—	—	—	185	14	50823.2	340030.2
60.5	90.1	147.0	—	23.4	—	—	—	136	7	25225.4	261482.9
11.2	43.0	68.2	—	—	—	—	—	94	9	21865.1	149467.3
82.1	82.1	—	—	—	—	—	—	66	4	28128.0	174445.7
31.0	796.0	—	—	—	29.0	6.0	—	410	83	366107.8	3450748
76.4	459.7	—	—	16.7	—	—	—	216	23	101237.7	888085.9
10.8	110.8	—	—	—	—	—	—	80	7	18456.0	116053.6
54.1	64.1	—	—	—	—	—	—	51	3	9402.2	59891.2
54.0	54.0	—	—	—	—	—	—	43	1	7311.5	45697.6
295.4	251.2	—	—	44.2	—	—	—	207	16	53080.6	375419.9
58.8	58.8	—	—	—	—	—	—	42	2	2115.0	23506.4
20.1	—	—	—	20.1	—	—	—	23	—	729.4	7294

城市	配属车辆数（辆）								运营线路条数（条）						
		地铁	轻轨	单轨	有轨电车	磁悬浮	自动导向	市域快速轨道		地铁	轻轨	单轨	有轨电车	磁悬浮	自动导向
镇江	—	—	—	—	—	—	—	—	—	—	—	—	—	—	—
杭州	3306	3306	—	—	—	—	—	—	12	12	—	—	—	—	—
宁波	1074	948	—	—	—	—	—	126	6	5	—	—	—	—	—
温州	72	—	—	—	—	—	—	72	1	—	—	—	—	—	—
绍兴	314	314	—	—	—	—	—	—	3	3	—	—	—	—	—
嘉兴	17	—	—	—	17	—	—	—	1	—	—	—	1	—	—
海宁	68	—	—	—	—	—	—	68	1	—	—	—	—	—	—
合肥	1368	1368	—	—	—	—	—	—	5	5	—	—	—	—	—
芜湖	230	—	—	230	—	—	—	—	2	—	—	2	—	—	—
福州	704	704	—	—	—	—	—	—	5	5	—	—	—	—	—
厦门	726	726	—	—	—	—	—	—	3	3	—	—	—	—	—
南昌	906	906	—	—	—	—	—	—	4	4	—	—	—	—	—
济南	408	408	—	—	—	—	—	—	3	3	—	—	—	—	—
青岛	1541	1534	—	—	7	—	—	—	8	7	—	—	1	—	—
郑州	1734	1734	—	—	—	—	—	—	10	10	—	—	—	—	—
洛阳	246	246	—	—	—	—	—	—	2	2	—	—	—	—	—
武汉	3314	3078	—	—	236	—	—	—	15	12	—	—	3	—	—
黄石	120	—	—	—	120	—	—	—	1	—	—	—	1	—	—
长沙	1179	1146	—	—	—	33	—	—	7	6	—	—	—	1	—
广州	3762	3350	—	—	92	—	—	320	18	14	—	—	2	—	—
深圳	4492	4432	—	—	60	—	—	—	17	16	—	—	1	—	—

	运营里程（公里）							车站数（个）	换乘站数（个）	客运量（万人次）	旅客周转量（万人公里）
	地铁	轻轨	单轨	有轨电车	磁悬浮	自动导向	市域快速轨道				
—	—	—	—	—	—	—	—	—	—	—	—
1.2	521.2	—	—	—	—	—	—	256	46	136289.7	1152097.8
5.1	163.6	—	—	—	—	—	21.5	127	12	36627.9	216867.4
2.5	—	—	—	—	—	—	52.5	18		1587.8	26467.1
7.9	57.9	—	—	—	—	—	—	35	2	1510.2	42555.4
3.8	—	—	—	13.8	—	—	—	28	1		29157.1
6.4	—	—	—	—	—	—	46.4	—		3841.8	—
7.0	197.0	—	—	—	—	—	—	154	10	41095.5	262198.3
6.2	—	—	46.2	—	—	—	—	35	1	3314.8	22599.1
89.0	139.0	—	—	—	—	—	—	90	10	22777.7	175121
8.4	98.4	—	—	—	—	—	—	70	5	24641.6	189954
28.5	128.5	—	—	—	—	—	—	94	9	38054.6	231410.2
4.1	84.1	—	—	—	—	—	—	41	2	9620.9	97232.4
26.3	317.5	—	—	8.8	—	—	—	162	14	47185.0	493242.8
77.1	277.1	—	—	—	—	—	—	166	27	58317.4	459575.3
3.5	43.5	—	—	—	—	—	—	33	1	5715.9	35101.2
29.6	480.5	—	—	49.1	—	—	—	323	38	135288.8	1109651.7
26.9	—	—	26.9	—	—	—	—	29	—	359.1	9042.5
09.7	191.1	—	—	—	18.6	—	—	130	18	94391.5	550257.1
74.8	576.2	—	—	22.1	—	—	76.5	302	48	313791.4	
67.1	555.4	—	—	11.7	—	—	—	326	56	271030.3	

城市	配属车辆数（辆）							运营线路条数（条）					
	地铁	轻轨	单轨	有轨电车	磁悬浮	自动导向	市域快速轨道	地铁	轻轨	单轨	有轨电车	磁悬浮	自动导向
珠海	30	—	—	—	30	—	—	—	1	—	—	—	1	—	—
佛山	405	342	—	—	63	—	—	—	4	2	—	—	2	—	—
东莞	120	120	—	—	—	—	—	—	1	1	—	—	—	—	—
南宁	876	876	—	—	—	—	—	—	5	5	—	—	—	—	—
三亚	14	—	—	—	14	—	—	—	1	—	—	—	1	—	—
重庆	3220	2256	—	964	—	—	—	—	11	9	—	2	—	—	—
成都	4802	4622	—	—	180	—	—	—	14	13	—	—	1	—	—
贵阳	762	762	—	—	—	—	—	—	3	3	—	—	—	—	—
昆明	906	906	—	—	—	—	—	—	6	6	—	—	—	—	—
文山	60	—	—	—	60	—	—	—	1	—	—	—	1	—	—
红河	18	—	—	—	18	—	—	—	1	—	—	—	1	—	—
西安	2568	2568	—	—	—	—	—	—	9	9	—	—	—	—	—
咸阳	—	—	—	—	—	—	—	—	—	—	—	—	—	—	—
兰州	216	216	—	—	—	—	—	—	2	2	—	—	—	—	—
天水	17	—	—	—	17	—	—	—	1	—	—	—	1	—	—
乌鲁木齐	162	162	—	—	—	—	—	—	1	1	—	—	—	—	—

	运营里程（公里）							车站数（个）		客运量（万人次）	旅客周转量（万人公里）
	地铁	轻轨	单轨	有轨电车	磁悬浮	自动导向	市域快速轨道		换乘站数（个）		
8.8	—	—	—	8.8	—	—	—	14		—	
3.9	73.1	—	—	20.8	—	—	—	59	2	7442.5	
7.8	37.8	—	—	—	—	—	—	15	—	4533.9	
28.2	128.2	—	—	—	—	—	—	93	11	35004.5	
8.4	—	—	—	8.4	—	—	—	15	—	131.6	
93.7	395.2	—	98.5	—	—	—	—	253	40	132696.4	
01.7	562.4	—	—	39.3	—	—	—	326	53	212190.2	
76.9	116.9	—	—	—	—	—	—	82	4	13346.4	
65.9	165.9	—	—	—	—	—	—	103	10	28803.1	
3.4	—	—	—	13.4	—	—	—	10	1	26.8	
3.4	—	—	—	13.4	—	—	—	15	—	50.2	
04.7	304.7	—	—	—	—	—	—	191	20	129445.6	
—	—	—	—	—	—	—	—	—	—	—	
3.5	33.5	—	—	—	—	—	—	27	2	10563.6	
2.9	—	—	—	12.9	—	—	—	12	—	95.4	
6.8	26.8	—	—	—	—	—	—	21	—	3928.1	

三、巡游出租汽车

（一）行业概况

截至 2023 年底，我国拥有巡游出租汽车运营车辆 136.74 万辆，比 2022 年增加 0.54 万辆，同比增长 0.4%，其中，新能源运营车辆（纯电动车和混合动力车）41.72 万辆，比 2022 年增加 11.76 万辆，同比增长 39.3%。

全国拥有巡游出租汽车经营业户 16.12 万户，其中个体经营业户 14.82 户，占比 91.9%。

全年完成巡游出租汽车城市客运量 220.27 亿人次，巡游出租汽车城际城乡客运量 20.55 亿人次，合计占城市客运行业总客运量 25.3%，比 2022 年增加 32.62 亿人次，同比增长 15.7%。

全年完成巡游出租汽车运营里程 1213.61 亿公里，比 2022 年增加 176.40 亿公里，同比增长 17.0%，里程利用率 63.3%。

（二）2014—2023 年全国巡游出租汽车基础数据

2014—2023 年全国巡游出租汽车基础数据见表 5。

（三）2023 年全国各省（自治区、直辖市）巡游出租汽车统计数据

2023 年全国各省（自治区、直辖市）巡游出租汽车统计数据见表 6。

项目		2014	2015	2016	2017
运营车辆数（万辆）		137.01	139.25	140.40	139.5
	新能源运营车辆数（万辆）	0.40	0.69	1.86	2.65
经营业户数（万户）		13.47	13.22	13.36	13.38
	个体经营户数（万户）	12.63	12.37	12.51	12.52
从业人员数（万人）		261.81	262.63	267.75	—
客运量（亿人次）		406.06	396.74	377.35	365.4
运营里程（亿公里）		1618.11	1602.42	1552.50	1590.8

注：2017 年以后未统计全国巡游出租汽车从业人员数。

年份（年）					
2018	2019	2020	2021	2022	2023
138.89	139.16	139.40	139.13	136.20	136.74
4.64	7.72	13.24	20.78	29.96	41.72
14.04	15.03	15.01	14.47	15.69	16.12
13.18	13.74	13.64	13.11	14.33	14.82
—	—	—	—	—	—
351.67	347.89	253.27	266.90	208.20	城市客运量220.27,城际城乡客运量20.55
1506.85	1476.66	1128.62	1223.77	1037.21	1213.61

地区	运营车辆数（万辆）		经营业户数（户）
		新能源运营车辆数（辆）	
全国	136.74	417247	161237
北京	7.15	46009	1363
天津	3.18	3633	6033
河北	6.97	7673	3005
山西	4.16	26890	274
内蒙古	6.75	2670	26639
辽宁	9.16	4608	16756
吉林	6.77	15396	33746
黑龙江	9.80	838	19429
上海	3.22	22648	3050
江苏	5.24	15165	6162
浙江	4.35	21340	2567
安徽	5.52	11792	13383
福建	2.15	13754	172
江西	1.70	3209	3911
山东	6.93	12305	6946
河南	6.33	24638	2323
湖北	4.43	15477	2009
湖南	3.59	14866	1252

体经营业户数（户）	客运量（亿人次）		运营里程（亿公里）
	城市客运量（亿人次）	城际城乡客运量（亿人次）	
148221	220.27	20.55	1213.61
1157	2.24	0.15	33.44
5974	0.50	0.02	7.01
2612	6.85	0.66	55.59
—	5.62	0.62	36.80
26426	11.51	1.29	57.83
16170	17.28	2.28	94.98
33454	13.91	1.61	64.52
18971	18.76	2.01	79.59
2943	2.23	0.01	27.65
5793	5.51	0.62	43.14
2174	4.88	0.34	31.20
13129	9.86	1.01	58.18
—	4.06	0.14	21.41
3746	3.24	0.40	14.85
1891	6.83	0.87	59.90
1885	9.19	1.07	57.49
1726	8.54	0.51	48.64
979	9.68	1.08	38.30

地区	运营车辆数（万辆）		经营业户数（户）
		新能源运营车辆数（辆）	
广东	5.12	48594	304
广西	1.99	9794	194
海南	0.63	5033	61
重庆	2.42	7950	755
四川	4.68	18915	2090
贵州	4.76	14930	1143
云南	3.19	16559	2498
西藏	0.24	31	37
陕西	3.79	12438	343
甘肃	3.97	9075	264
青海	1.41	3313	73
宁夏	1.64	992	91
新疆	5.50	6712	4364

本经营业户数 （户）	客运量（亿人次）		运营里程 （亿公里）
	城市客运量 （亿人次）	城际城乡客运量 （亿人次）	
3	7.27	0.21	53.16
—	1.60	0.14	12.78
—	0.67	0.04	5.85
600	7.08	0.35	37.28
1592	13.54	0.78	58.16
749	13.39	0.85	39.58
2201	5.35	0.79	22.72
—	0.67	0.03	3.14
—	7.79	0.63	41.93
	6.85	0.55	34.90
1	2.15	0.32	14.36
—	3.30	0.31	15.15
4045	9.92	0.84	44.09

四、汽车租赁

（一）行业概况

截至 2023 年底，我国纳入统计的汽车租赁车辆 23.06 万辆，比 2022 年增加 0.92 万辆，同比增长 4.2%，其中 9 座及以下客车 22.67 万辆，比 2022 年增加 0.95 万辆，同比增长 4.4%。

我国纳入统计的汽车租赁经营业户 11464 户，比 2022 年增加 3521 户，同比增长 44.3%。我国汽车租赁从业人员数 5.85 万人，比 2022 年增加 0.71 万人，同比增长 13.8%。

（二）2016—2023 年全国汽车租赁基础数据

2016—2023 年全国汽车租赁基础数据见表 7。

2016—2023 年全国汽车租赁基础数据

表 7

项目	年份（年）							
	2016	2017	2018	2019	2020	2021	2022	2023
租赁车辆数（万辆）	19.69	20.15	22.99	22.88	24.38	24.99	22.14	23.06
9座及以下客车数（万辆）	19.20	19.66	22.50	22.45	23.93	24.57	21.72	22.67
经营业户数（户）	6301	6664	6946	6987	7118	6938	7943	11464
从业人员数（万人）	6.57	6.90	6.78	10.22	10.35	6.49	5.14	5.85

（三）2023 年全国各省（自治区、直辖市）汽车租赁统计数据

2023 年全国各省（自治区、直辖市）汽车租赁统计数据见表 8。

2023 年全国各省（自治区、直辖市）汽车租赁统计数据　　表 8

地区	车辆数（辆）	9座及以下客车数（辆）	经营业户数（户）	从业人员数（人）
全国	230599	226728	11464	58515
北京	34755	34755	577	4385
天津	9	9	5	5
河北	227	220	47	124
山西	3717	3691	237	1680
内蒙古	228	226	121	151
辽宁	59	59	30	71
吉林	107	104	94	113
黑龙江	9665	9665	435	3865
上海	53934	53818	238	1489
江苏	8648	8381	359	1882
浙江	35634	33370	1632	12196
安徽	696	655	62	362
福建	2474	2474	140	765
江西	492	490	154	454
山东	1900	1864	505	1689
河南	96	87	27	77

地区	车辆数（辆）	9座及以下客车数（辆）	经营业户数（户）	从业人员数（人）
湖北	1677	1665	410	1639
湖南	250	40	5	390
广东	30633	30372	1073	11316
广西	423	406	101	298
海南	20722	20722	1420	3295
重庆	9823	9495	549	2899
四川	3667	3640	302	2448
贵州	1168	1133	237	391
云南	3863	3856	997	2705
西藏	259	252	39	126
陕西	—	—	—	—
甘肃	1574	1541	325	1342
青海	79	79	49	166
宁夏	405	405	120	449
新疆	3415	3254	1174	1743

专题篇

SPECIFIC
TOPICS

第八章　深入推进国家公交都市建设

2023 年，交通运输部持续推进国家公交都市建设示范工程相关工作，多措并举指导各地推进城市公共交通优先发展。各地以国家公交都市建设为载体，落实发展城市公共交通的主体责任，强化组织领导，加大政策支持，持续提升城市公共交通的供给能力和服务水平，推进城市公共交通健康可持续发展。

第一节　国家公交都市建设取得积极成效

一、持续推进国家公交都市建设工作

2023 年 8 月，《交通运输部关于命名张家口市等 28 个城市国家公交都市建设示范城市的通报》（交运发〔2023〕117 号）印发，命名张家口市、临汾市、乌海市、盘锦市、通化市、牡丹江市、常州市、扬州市、宿州市、蚌埠市、阜阳市、芜湖市、上饶市、枣庄市、烟台市、潍坊市、威海市、许昌市、新乡市、宜昌市、娄底市、佛山市、凯里市、玉溪市、保山市、宝鸡市、喀什市、伊宁市为国家公交都市建设示范城市。截至 2023 年底，共 74 个城市达到示范工程创建目标并通过验收，被授予"国家公交都市建设示范城市"称号。2023 年 6 月，交通运输部印发通知，部署对呼和浩特等 12 个示范城市开展动态评估。

2023 年 5 月，《交通运输部办公厅关于组织开展"十四五"期第二批国家公交都市建设示范工程创建申报工作的通知》（交办运函〔2023〕710 号）印发，部署启动"十四五"期第二批国家公交都市建设示范工程创建申报工作。

二、完善公共交通发展管理制度体系

2023 年 10 月，《交通运输部 国家发展和改革委员会 公安部 财政部 人力资源和社会保障部 自然资源部 国家金融监督管理总局 中国证券监督管理委员会 中华全国总工会关于推进城市公共交通健康可持续发展的若干意见》（交运发〔2023〕144 号）印发，明确要求国家公交都市建设示范城市应在推动城市公共交通健康可持续发展中发挥示范引领作用，提出对于存在地方主体责任落实不到位造成城市公共交通企业欠薪欠保、发生重特大城市公共交通安全生产责任事故等情形的城市，不得参与国家公交都市建设示范工程创建申报，属于国家公交都市建设示范工程创建城市、示范城市的，取消创建资格或被授予的"国家公交都市建设示范城市"称号。

第二节　西安市推进城市公共交通行业高质量发展

西安市获得"国家公交都市建设示范城市"称号以来，围绕深入实施城市公共交通优先发展战略，落实国家公交都市建设各项要求，强化顶层设计、促进多网融合、深化行业改革，持续推动城市公共交通发展。

一、强化顶层制度设计

西安市坚持"强规划、重保障、利发展"的原则，不断健全政策法规体系，2020年、2022年分别修订了《西安市公共汽车客运条例》《西安市城市轨道交通条例》。开展城市公共交通专项规划编制研究，将公共交通发展纳入城市国土空间总体规划。加强用地保障，出台《西安市轨道交通用地综合开发规划和土地供应暂行规定（试行）》等政策。印发《西安市公交专用道设置标准及管理规定》，推动公交专用道成网。发布《西安市绿色出行评价指标体系》，推行绿色出行积分制，推动城市绿色出行水平提升。

二、推动"多网融合"发展

西安市坚持"远近结合、系统谋划、综合施策"，开展顶层设计协同行动、基础设施协同行动、出行网络协同行动、运营服务协同行动、数字智慧协同行动等，推动"轨道-公交-慢行"三网融合，构建多模式、多层次的城市公共交通系统，提高公共交通服务水平和接驳换乘效率。持续优化公交线网布局，以城市轨道交通为骨干，坚持地面公交与城市轨道交通"鱼骨式"横向接驳、两端延伸、填补空白的协同衔接功能定位，采取"调、撤、缩、减、补"等方式持续优化调整公交线路，并通过社区巴士、共享单车、公共自行车等解决群众出行"最后一公里"问题。

三、推动公交企业改革

西安市持续推动公交企业改革工作，整合企业资源、改革体制机制，促进企业可持续发展。强化公交企业资源整合，优化公交企业规模，压缩层级管理，为企业发展解困松绑。进一步完善企业组织模式，完善议事规则，提升企业管理和运行效率。

第三节　青岛市多措并举提升城市公共交通服务品质

青岛市以打造人文时尚、宜居幸福的公交都市为目标，深入实施城市公共交通优先发展战略，持续加强政策、资金、设施设备等保障，不断提升城市公共交通服务能力。

一、强化发展资金保障

青岛市印发《政府购买城市公交服务实施方案（2021—2025年）》，建立了城市公交财政补贴市区共担机制，实现了财政补贴精细化。明确完善轨道交通建设资金、运营补助资金的出资方式和市区两级分摊机制，合理控制城市轨道交通建设规模，保障行业可持续发展。在公交换乘枢纽工程项目中，探索实行"公交场站建设＋公交车辆运营"融资新模式，以发行政府专项债券方式筹措资金，降低了融资成本。

二、加强公交智能化建设

青岛市持续加强城市公交智能化建设，推进建设城市云脑交通数据中心、公共交通基础设施数字化、公共交通载运工具数字化、公共交通运输服务监测等子系统，重点加强城市公共交通线路、站点等的客流监测能力，提升城市公共交通服务水平。通过对城市公共交通企业运营数据的监测，采取人工考核和智能化考核相结合的方式，丰富政府财政资金监管手段，提高公共交通行业监管水平。

三、提升公共交通服务水平

青岛市以"减重复、增覆盖、便接驳、提运速,推进微循环,丰富多样化"为原则,优化公交线路走向、发车间隔、首末班时间等,制订科学有效的运营服务计划,提高城市公交运营效率。出台《青岛市常规公交与轨道交通衔接导则》,加强城市轨道交通和地面公交运营时间、发车频次、运载能力等方面的衔接,优化城市轨道交通站点周边地面公交站点设置,缩短换乘距离,提升乘客换乘体验。打造就医专线、校园专线、微循环公交、旅游公交等公交服务模式,满足市民差异化、多样化出行需求。

第九章　持续深化出租汽车行业改革

2023 年，国家层面持续深化出租汽车行业改革，聚焦改革重点难点问题，总结各地改革经验做法，创新监管方式，优化市场发展环境，进一步加快推进出租汽车转型升级。

第一节　深化改革促进出租汽车行业转型升级

一、深化巡游出租汽车运价改革

交通运输部印发《关于学习借鉴改革巡游出租汽车运价机制典型经验做法的通知》（交办运函〔2023〕1071 号），围绕改革运价管理机制、建立运价动态调整机制、优化运价结构、探索应用新型计程计时计价装置、健全燃料运价联动机制等方面，总结梳理部分省市推进改革巡游出租汽车运价机制典型经验做法，以供各地参考学习。

二、便利老年人打车出行

交通运输部指导督促各地扩大出租汽车电召和网约车"一键叫车"覆盖面。截至 2023 年底，95128 约车服务电话已开通 140 余个地级及以上城市，主要网约车平台公司"一键叫车"功能持续为 1300 余万老年人乘客提供服务 1.14 亿单。

三、加强行业安全监管

交通运输部印发城市客运企业两类人员安全考核基础题库，组织研发上线安全考核客户端软件，供各地自愿免费使用。2023 年，持续督导各地两类人员考核落实情况，全国 31 个省（自治区、直辖市）均已印发落实文件，共组织了 2000 余期考核，考核人员超过 6 万名。

第二节　苏州市改革经营权管理制度

为深化巡游出租汽车行业改革，促进出租汽车行业健康稳定发展，全面提升市场竞争力，2023 年 8 月，苏州市人民政府印发《关于进一步深化出租车改革的指导意见》，加快行业转型升级，促进新老业态融合发展。

一、清理规范经营关系

为化解挂靠出租汽车经营关系不规范的历史问题，2022 年，苏州委托第三方律师事务所对全部出租汽车经营关系进行登记核查，建立"一车一档"，确定改革基数。2023 年 10—12 月，通过"线上预约＋线下办理"方式，全面开展规范经营关系工作。经出租汽车企业与车辆实际出资人协商一致，车辆产权由公司变更为个人，向个人发放出租汽车车辆经营权证明，将原来登记为企业的行驶证、产权证和道路运输证变更为个人。

二、改革车辆服务模式

车辆确权后，与企业签订服务协议从事运营，双方自愿、平等协商确定服务内容和服务费标准。为鼓励引导企业向改革车辆与驾驶员提供传达政策、处理投诉、发票领取、申报补贴四项基础性免费服务，苏州市交通、财政部门制定出台服务补助政策，在改革过渡期3年内，向改革车辆提供上述四项免费服务的企业给予每车每年500元的政策补助。鼓励企业按驾驶员需求，提供证件办理、车辆购买、代办保险等差异化收费服务。改革车辆均已自主选择服务公司进行管理，行业形成"权属归个人＋车辆服务公司"的新模式。

三、建立健全出租汽车服务质量信誉考核

根据改革后出租汽车经营权转为个人的管理实际，进一步完善行业服务质量考核体系，从制度上规范驾驶员经营，根据交通运输部印发的《出租汽车服务质量信誉考核办法》（交运规〔2022〕2号），苏州市交通运输局制定《苏州市区巡游出租汽车单车服务质量信誉考核办法（试行）》，以单车运输安全和服务质量为考核内容，构建以服务质量信誉考核结果为核心的巡游出租汽车经营权配置体系。

四、实施出租汽车经营权变更登记

为逐步化解出租汽车经营权炒卖和擅自转让的共性问题，苏州市交通、行政审批部门制定出租汽车经营权变更登记"一件事"办理实施方案，依托市公共资源交易中心，由政府部门搭建出租汽车经营权登记变更渠道，允许出租汽车车辆经营权按规定公开变更经营主体，符合出租汽车经营准入条件的企业或持有出租汽车驾驶员从业资格证者均可受让。

五、加快新能源出租汽车推广应用

坚持行业推进和市场选择相结合，明确市区新增和更新出租汽车使用新能源车辆的，车辆品牌由巡游出租汽车经营者自主选择。充分发挥城市交通发展奖励资金引导作用，出台补贴政策，对新增和更新使用符合条件的新能源纯电动巡游出租汽车，一次性给予2.5万元／辆的运营补贴，力争大幅提升新能源巡游出租汽车比例。

第三节　杭州市推进新老业态融合发展

杭州市持续推进出租汽车行业改革，坚持市场化改革发展方向，重点围绕"规范、创新、融合、安全、可持续"工作目标，全面推进新老业态融合发展。

一、出租汽车驾驶员"一证两用"，实现劳动力资格通用

修订《浙江省道路运输条例》，不再区别巡游出租汽车驾驶员从业资格和网约车驾驶员从业资格，

实行"两证合一"，凡是取得出租汽车驾驶员从业资格证的，在两个业态通用。通过出租汽车驾驶员劳动力市场的融合，推进新老业态融合发展，减少融合壁垒。

二、出租汽车公司"一企两业"，助推经营者转型发展

通过改革，将原先出租汽车市场准入由封闭转向开放，为社会力量依法参与出租汽车经营服务打开大门。破除网约车企业介入巡游出租汽车经营，或巡游出租汽车转型为网约车企业的相应制度障碍，新老业态的经营主体间可通过股权收购、车辆转让、兼并重组等方式融合发展。

三、巡游出租汽车"一车两用"，服务方式可巡可网

巡游出租汽车除扬招揽客、轮排候客外，也可通过电召网召方式提供服务。杭州市巡游出租汽车驾驶员 90% 以上使用打车软件接单，每日业务近 50% 来源于网络订单。

四、出租汽车运价"一车两价"，打通运价双轨制

修订《浙江省道路运输条例》，明确"巡游出租车经营者通过网络预约方式揽客的，可以按照计价器显示金额收取运费，也可以按照网约车计价规则收取运费"，为巡游出租汽车通过网约车平台接单并执行市场调节价提供制度依据。

五、承运人责任"一车两担"，进一步明确主体责任

巡游出租汽车通过线下扬招揽客的，按照计价器显示金额收取运费，由巡游出租汽车公司开票并承担承运人责任；巡游出租汽车通过网络预约方式揽客的，相应车辆接网约车单、守网约车法、收网约车价、开网约车票、纳网约车税，由派单的网约车平台承担承运人责任。

第十章　持续提升城市轨道交通运营管理水平

2023 年，城市轨道交通行业瞄准高质量发展目标，进一步健全城市轨道交通运营管理制度体系，持续强化运营安全管理，指导各地不断提升运营服务水平，更好服务人民群众出行。

第一节　健全城市轨道交通运营管理制度体系

一、完善运营安全评估管理制度及配套规范

交通运输部修订印发了《城市轨道交通运营安全评估管理办法》（交运规〔2023〕3 号）以及《城市轨道交通初期运营前安全评估规范》（交办运〔2023〕56 号）、《城市轨道交通正式运营前安全评估规范》（交办运〔2023〕57 号）、《城市轨道交通运营期间安全评估规范》（交办运〔2023〕58 号）等 3 部配套规范，进一步完善了初期运营前、正式运营前和运营期间安全评估管理程序和技术要求。

二、持续健全关键设备运营技术规范

在调研城市轨道交通通信系统发展现状、梳理总结存在问题的基础上，经充分研究论证，交通运输部办公厅印发《城市轨道交通通信系统运营技术规范（试行）》（交办运〔2023〕67 号），从运营需求角度提出城市轨道交通通信系统应满足的基本功能、性能等技术要求，并对传输、支撑，以及调度通信、乘客信息等业务子系统提出具体要求，提升通信系统本质安全水平。

第二节　持续强化城市轨道交通运营安全管理

一、扎实做好城市轨道交通运营防汛工作

交通运输部印发《强化城市轨道交通运营防汛实施方案》，明确了城市轨道交通防汛重点工作任务，指导各地做好汛期安全防护。2023 年 7 月，交通运输部组织检查组赴全国各地开展防汛检查，保障城市轨道交通平稳度汛。广州地铁开发积水内涝风险监测预警平台，监测各车站积水情况，实时分析数据，及时发出积水风险预警信号。西安地铁与气象局联合成立轨道交通气象台，提供地铁运营区域天气预报预警服务。重庆地铁结合设计情况，分别对车站、区间、车辆基地等场所开展了防汛风险勘查，对风险点进行梳理分析。上海地铁开展防汛防台专项风险辨识，在汛前、汛中重点针对洞口、下沉式广场、运营线路车站周边建设施工等开展专项排查。

二、开展城市轨道交通运营安全调研交流

2023 年 9 月，分别由北京、天津、上海、重庆、大连、南京、青岛、武汉、深圳、成都市交通运输局（委）

牵头的 10 个调研组，重点围绕交通运输部颁发文件落实情况、风险分级管控情况、重大隐患判定标准制定和排查治理情况、防汛工作开展情况等 6 方面开展调研，覆盖当时开通城市轨道交通运营的全部 53 个城市。调研交流推动各地进一步加强了风险分级管控和隐患排查治理，夯实了运营安全基础，促进了各地经验交流借鉴。

三、开展城市轨道交通运营安全隐患排查整治专项行动

2023 年 12 月，为防范应对雨雪冰冻天气等恶劣天气影响，交通运输部组织各地开展运营安全隐患排查整治专项行动。专项行动围绕行车调度指挥、关键设施设备、应急响应处置、安全责任落实等 4 方面，重点排查雨雪、冰冻、雾霾等恶劣天气下的列车驾驶、行车调度指挥相关操作规则，关键设施设备运营安全保护机制，突发事件应急预案以及应急队伍、物资准备情况，从业人员运营安全风险认知和重要岗位人员安全风险防范意识等方面的安全隐患。各地通过自查自纠、全面检查、经验总结等 3 个阶段行动，切实强化了安全责任落实，深入排查整治了运营安全隐患。

四、开展城市轨道交通运营险性事件安全警示

结合行业险性事件发生情况，及时向行业印发关于淹水倒灌、道床拱起等险性事件的警示通报，督促各地落实岗位责任，强化安全意识。2022 年，全国共发生 19 起城市轨道交通运营险性事件，涉及 11 个城市，在梳理各地报送的运营险性事件技术分析报告的基础上，交通运输部办公厅印发了《2022 年城市轨道交通运营险性事件集》，指导各地举一反三，认真汲取运营险性事件教训，堵塞安全漏洞。

第三节　不断提升城市轨道交通运营服务水平

一、扎实开展"爱心预约"民生实事

交通运输部办公厅印发《2023 年持续提升适老化无障碍交通出行服务等 5 件更贴近民生实事工作方案》（交办运函〔2023〕480 号），要求通过微信公众号、小程序等渠道为老年人、残疾人等乘客提供"爱心预约"服务。截至 2023 年底，全国开通运营城市轨道交通的城市已全部开通"爱心预约"乘车服务，各地累计完成"爱心预约"服务 3 万余次。

二、持续丰富乘客服务举措

广州地铁聚焦"一老一孕一幼一残"群体，提出了"全龄友好 全程为你"的服务理念，针对无人陪伴的老人、儿童等独自出行的乘客，推出暖心识别牌、爱心指引卡等"无陪"服务举措。西安地铁推广"彩虹指引条""长安 E 径""VR 指路系统""列车 LCD 动态地图""萌版手绘"等一系列服务举措，做细做实服务，提升乘客出行体验。沈阳地铁积极丰富服务形式，推出"车票安心退""站长接待日""助力中高考"等多项创新服务举措。成都地铁针对儿童和老年人编制了"一米看世界""敬老爱老 与爱同行"等乘客服务指南，为乘客出行提供便利。

三、提升乘客数字化服务水平

北京京港地铁有限公司在车站设置智能服务机器人，在高峰期辅助工作人员在自动售票机、换乘通道等位置为乘客提供出行提示，引导乘客安全、便捷出行。杭州地铁试点上线无障碍卫生间智能语音助手，感应到人员进入后进行语音介绍，方便视障人士快速了解内部设施及位置。苏州地铁投用"双目闸机"，通过视觉技术智能判断物体的3D尺寸和形状轮廓，保护孕妇和儿童通行安全。

第十一章 持续推动交通运输新业态规范健康 持续发展

2023 年，交通运输新业态领域认真贯彻落实党中央、国务院决策部署，不断加强协同监管，提升治理能力，在完善法规制度、推动合规化进程、加强从业人员权益保障等方面取得积极成效。

第一节 交通运输新业态发展更加规范

一、推动网约车平台公司降低过高抽成

交通运输部将推动交通运输新业态平台企业降低过高抽成作为更贴近民生实事，制定印发工作方案，与各主要平台公司逐一沟通研讨，推动主要网约车平台公司加强与从业人员代表、行业协会等沟通协商，保障从业人员合理劳动报酬水平。主要网约车平台公司、聚合平台公司均已明确降低平台抽成比例的幅度并向社会公布，降幅普遍在 1~3 个百分点。

二、规范网约车聚合平台发展

《交通运输部办公厅 工业和信息化部办公厅 公安部办公厅 国家市场监督管理总局办公厅 国家互联网信息办公室秘书局关于切实做好网约车聚合平台规范管理有关工作的通知》（交办运〔2023〕23 号）印发，要求各地有关部门要加强对网约车聚合平台经营行为的监督指导，不得接入未在当地取得网约车经营许可的网约车平台公司，提供服务的驾驶员和车辆均应办理相应网约车许可。乘客因安全责任事故受到损害并要求网约车聚合平台承担先行赔偿责任的，网约车聚合平台要承担相关责任。网约车聚合平台不得干预网约车平台公司价格行为，不得直接参与车辆调度及驾驶员管理。

三、加快推动网约车合规化进程

交通运输部依托网约车监管信息交互系统，加强网约车行业运行监测，每月定期公开网约车行业运营、数据传输以及主要城市网约车合规化情况，推动上海、济南、青岛、广州、深圳等城市定期公开本地网约车行业运行及合规化情况，对拟进入行业的经营者和从业人员进行经营风险预警。

四、提升交通运输新业态治理能力

交通运输部指导各地建立健全交通运输新业态多部门协同监管机制，全国共有 26 个省（自治区、直辖市）建立了省级层面多部门协同监管机制，进一步汇聚工作合力。

第二节　重庆市多措并举规范网约车行业发展

一、坚持依法行政，持续完善行业法治体系

重庆市先后修订《重庆市道路运输管理条例》《重庆市巡游出租汽车客运管理办法》，明确仿冒出租汽车定义，增加非法营运暂扣机动车驾驶证、禁止通行高速公路等措施，促进经营者诚信经营、规范服务。

二、坚持开放包容，努力营造公平竞争市场

重庆市将巡游出租汽车指标新增与区县网约车发展情况挂钩，优先发展网约车，更好地满足社会公众多样化出行需求。多次发布网约车市场经营风险提示，公布行业的许可数量、营收状况、经营风险等，提醒经营者和拟进入市场从业人员审慎投资，引导行业理性发展。

三、坚持严格执法，全力优化交通运输环境

重庆市加强行业执法力度，努力为市民营造良好的交通运输环境。近年来，共查处各类巡游出租汽车违法违规案件 6.9 万件、网约车违法案件 22.9 万件，行业投诉量明显下降，服务质量显著提升。

四、坚持联合监管，加强协作形成共管合力

重庆市交通运输部门发挥多部门联合监管机制作用，会同公安部门开展网约车专项整治，移交公安机关暂扣驾驶证 750 余人次、纳入重点监管名单高速公路禁止通行 820 余辆次；打击网约车线下揽客，协调市司法部门调整法律适用，将网约车以预设目的地方式从事定线运输的处罚标准，从 200 元以上 500 元以下提高至 5000 元以上 20000 元以下；落实市场监管领域部门联合"双随机、一公开"抽查计划，完成网约车平台专项检查 50 余次。

五、坚持合规经营，不断强化行业信用管理

持续优化信用评价考核方式和评价考核指标，开展出租汽车行业年度信用评价，公布信用考核结果，实施信用惩戒。对信用等级为 B 级以下的巡游出租汽车企业、网约车平台公司，由交通执法部门通过增加监督检查频次的方式加强监管。

第三节　互联网租赁自行车行业管理能力持续提高

近年来，互联网租赁自行车行业从由乱而治向为用户提供更好的出行服务转变。为适应互联网租赁自行车行业新形势新要求，各地创新管理手段，提升管理效能。

一、西安市创新行业监管手段

一是保障车辆停放空间。按照"就近便利"的原则，合理利用闲置用地建设互联网租赁自行车停车位，将平峰期企业园区、写字楼周边淤积的互联网租赁自行车搬运到停车位，从而做到"临时储存、中转分流"。要求单车企业保持停车位，合理高效运转，遵循"周内少量储存、周末中转清空"原则，提高共享单车的使用率，减少场地内共享单车滞留。

二是探索管理手段，提升管理效能。结合多年行业治理经验，西安市总结"5431"工作法，"5"是政府、企业、保洁、物业、志愿者形成合力，对互联网租赁自行车开展联动管理、协调治理，及时高效地管控停放秩序；"4"是要求单车企业每周主动对接有关行业管理部门，且每月对接不少于4次，针对反馈的问题立即进行处理；"3"是相关运营企业实行包片管理，企业安排全部摆放人员到所包抓街办路段，根据乱象点位，实行无差别摆放，精准实施，消除乱象；"1"是每月一考核，对辖区内乱象点位进行摸底，统一建立台账，摸排统计新增点位施划，积极到一线巡查，发现问题靠前调度。

三是加强行业协同管理。西安市通过建立信息共享平台、微信群实时调度、日常路面巡查、约谈企业负责人等方式，督促相关企业及时运维。对互联网租赁自行车停放问题，第一时间反馈至工作群中，督导相关运营企业立即整改，按照"巡查到位、通知到位、整改到位、处罚到位"的原则，坚持运用"治、管、控、疏"等多种措施，进行车辆协同管理。

二、广州市科学指导行业发展

一是科学计算调整总量规模。印发《广州市互联网租赁自行车管理办法》（以下简称《办法》），明确规定在源头上对共享单车实施总量控制，每3年对全市总量规模进行一次评估。根据《办法》要求，广州市交通运输局会同市城市管理综合执法、公安机关交通管理等部门，以及各区政府共同编制了《广州市互联网租赁自行车总量规模评估（2022—2025年）》，从设施供给承载能力、出行需求预测、与其他交通方式协调发展等多维度，对广州市互联网租赁自行车适宜总量进行评估测算。经测算，全市适宜规模为45万～65万辆，中心六区适宜规模为30万～40万辆。

二是智能监测车辆投放总量。为破解互联网租赁自行车投放总量监管难题，及时、真实、有效掌握各企业投放数量，广州市创新构建了"线上监测＋线下核查"的双重信息化监管机制。一方面，采用车辆数据直连的信息监管模式，即车辆编码、定位等数据由车辆终端直接传输至行业监管平台，利用行业监管平台实时监测互联网租赁自行车的总量和分布状态；另一方面，广州市开发了"扫码核查"微信小程序，市、区、街道三级监管部门能够通过该小程序实时检查路面共享单车的数据接入情况。

三是定期开展服务质量考核。根据《办法》要求，广州市每季度开展服务质量考核，考核由市、区、街三级政府管理部门共同完成，内容为七大类共20项具体指标，满分为100分，内容包括运营服务（10分）、企业管理（20分）、秩序管理（55分）、信息共享（9分）、行政处罚（3分）、公众满意度（3分）等。广州市将考核结果与企业车辆投放数量挂钩，定期公开上一季度各企业考核评分和各企业车辆投放调整情况，并分析各类考核内容得分情况，有针对性地提出服务改进措施，推动企业横向间的公平竞争。

第十二章 鼓励引导绿色出行

2023 年，交通运输部会同有关部门鼓励引导绿色出行，完善慢行交通体系建设，加强示范引领，强化绿色出行宣传，持续推动在城市客运领域推广应用新能源汽车，完善支持保障政策，在构建绿色出行服务体系、推动城市交通绿色低碳转型等方面取得积极成效。

第一节 绿色出行品质不断提升

一、促进新能源车辆推广应用

2023 年 1 月，《工业和信息化部等八部门关于组织开展公共领域车辆全面电动化先行区试点工作的通知》（工信部联通装函〔2023〕23 号）印发，提出在完善公共领域车辆全面电动化支撑体系，促进新能源汽车推广、基础设施建设、新技术新模式应用、政策标准法规完善等方面积极创新、先行先试，探索形成一批可复制可推广的经验和模式。2023 年 11 月，工业和信息化部、交通运输部等八部门联合启动第一批公共领域车辆全面电动化先行区试点，在北京、深圳、重庆、成都、郑州等 15 个城市开展试点，为新能源汽车全面市场化拓展和绿色低碳交通运输体系建设发挥了示范带动作用，预计 15 个城市将在公共领域推广新能源汽车超过 60 万辆，建设公共充电桩超 70 万个、换电站超 7800 座。

二、广泛开展绿色出行宣传活动

2023 年 9 月，交通运输部联合公安部、国家机关事务管理局、中华全国总工会、共青团中央等单位以"绿色出行 美好生活"为主题，举办了 2023 年绿色出行宣传月和公交出行宣传周活动。活动内容主要包括：一是举办"绿色出行宣传月和公交出行宣传周"公益设计大赛；二是组织开展形式多样、多员参与的主题宣传活动；三是持续提升适老化、无障碍交通出行服务；四是开展安全文明绿色出行活动；五是开展关心关爱司乘人员活动。各地通过线下组织启动仪式、发布绿色出行倡议、进行专题宣讲、开展公众体验、进社区进校园，线上充分利用各类媒介和平台等形式，大力宣传城市公共交通优先发展、绿色出行理念。

活动期间，发布了《交通运输部办公厅关于印发城市公共交通优先发展和绿色出行典型案例的函》（交办运函〔2023〕1373 号），遴选了"江西南昌：加强公交用地保障，促进公交优先发展"等 13 个城市公共交通优先发展和绿色出行典型案例，供各地学习互鉴。

第二节 北京市综合施策完善绿色出行服务

北京市综合施策完善城市绿色出行体系，通过开展交通综合治理行动计划、完善慢行交通出行体系、持续优化交通需求管理政策、利用出行即服务（MaaS）平台加强绿色出行碳普惠激励机制等措施，持续提升绿色出行服务水平。北京市绿色出行比例达到 74.7%，绿色出行服务满意率达到 88%。

一、开展交通综合治理行动

2023 年 5 月，北京市交通综合治理领导小组印发《2023 年北京市交通综合治理行动计划》，从优化供给、调控需求、强化治理三方面提出共 42 项任务。在指导思想方面，提出坚持"以人为本"和"慢行优先、公交优先、绿色优先"的治理理念。在预期指标方面，提出"到 2023 年底，中心城区绿色出行比例达到 74.7%，市民 45 分钟以内通勤出行占比达到 54%，全市轨道车站出入口换乘距离小于 50 米的公交站点占比达到 86%，中心城区公共交通占机动化出行比例达到 52.9%"等目标。

二、完善慢行交通出行体系

一是坚持规划先行。编制《北京市慢行系统规划（2020—2035 年）》《北京市"十四五"时期慢行交通品质提升规划》《北京市城市河湖滨水慢行系统规划》等规划，修订《慢行交通服务评价及考核体系》，持续推动慢行系统建设和整治工作提质增效。二是保障慢行路权。修订《北京市步行和自行车交通设施改善技术指南》，出台《北京市城市慢行交通品质提升工作方案》，制定《关于规范道路停车位规划施划工作流程的通知》《关于保障慢行优先规范道路停车位设置条件的通知》多项规章制度和技术标准，有效保障自行车道路权，不断提升城市的通透性和微循环。三是提升慢行交通品质。自 2020 年起实施慢行系统品质提升三年行动以来，北京市已完成 3200 公里慢行系统改造。2023 年，北京市持续提升慢行系统品质，发布了《2023 年北京市城市慢行系统品质提升行动工作方案》，从街道空间更加活力、各类设施更加融合、治理模式更加协同、环境氛围更加友好、居民出行更加健康五方面，明确了 24 项重点工作任务，不断提升慢行交通出行品质，鼓励和支持市民更多采用"步行＋骑行"的出行方式。

三、优化交通需求管理政策

推动轨道交通场站以及周边存量建筑一体化更新，促进场站与商业、办公、居住等功能融合。严格落实小客车总量调控政策，年度新增小客车指标 10 万个，持续加大向"无车家庭"配置指标的比例。着力助推绿色出行，不断提升轨道交通、地面公交、慢行系统等多网融合水平，持续提高绿色出行体系竞争力。倡导"骑行＋公共交通"出行，持续实施互联网租赁自行车总量调控及淡旺季动态调整。开展"北京自行车日"等系列活动，助推全民骑行热。大力培育"预约出行"行为习惯，在景区、商圈的停车场试点预约停车，降低集中出行需求。

四、建立绿色出行碳普惠激励机制

持续开展"绿色出行碳普惠"激励活动，拓展激励手段，助推私家车出行向绿色出行转换。2019 年以来，北京市基于 MaaS 平台大力推动绿色出行，提升公共交通分担率。2023 年 6 月，北京市交通委和市生态环境局联合印发《北京 MaaS2.0 工作方案》，推动 MaaS 实现从 1.0 向 2.0 迭代升级，优化提升以轨道交通为核心的城市出行导航服务，拓展以"航空／铁路＋城市交通"为重点的城际出行应用场景。预计到 2025 年，北京 MaaS 平台日均服务绿色出行人数不少于 600 万人次，MaaS 平台绿色出行服务渗透率达到 20%、绿色出行转化率达到 3%，累计绿色出行碳减排量超过 100 万吨。

第三节　上海市多措并举提升绿色出行水平

上海市积极推进绿色生活方式和绿色出行引导，城市公共交通优先发展、绿色出行理念深入人心，中心城区绿色出行比例保持80%以上，绿色出行服务满意度保持85%以上。服务品质升级支撑高质量发展，城市轨道交通、城市公共汽电车两网融合水平不断提升，近90%的城市轨道交通站点周边100米半径范围内有城市公共汽电车线路服务覆盖。

一、完善工作推进机制

在城市公共交通优先发展联席会议制度框架下，定期举行专题工作会议，各部门、各单位密切合作，共同推进上海市绿色出行发展，推动各类项目措施落地见效。每年结合定量指标、工作任务，以及新形势、新要求，开展高质量绿色出行评估工作，确保各项建设目标、工作方案及任务分解扎实推进落实。

二、加强财政资金保障

深入实施公共交通优先发展理念，在财政上保障绿色出行发展。将机动车额度拍卖所得投入公共交通建设运营中，公交专项补贴力度逐年增加。公交专项扶持资金每年投入120亿元左右，包括公交车辆补贴、优惠换乘补贴、公交综合补贴、新能源公交车运营补贴、冷僻线路补贴、轨道交通站点末班车配套线路补贴、水上客运补贴、公共交通基础设施建设和维护、轨道交通补贴等。

三、提升精细化管理水平

2023年，上海市道路运输管理局发布《公交站点品质提升行动计划（2023—2025年）》《公交站点品质提升设计导则》，提出"体现特色，打造人文公交；全龄友好，助老助残助幼；智慧出行，提升出行品质；绿色环保，助力节能降碳；功能复合，鼓励综合开发"等5个原则，提升城市公共交通精细化管理水平，促进城市公共交通可持续发展。上海市公交车站点品质提升示例见图12-1。

图12-1　上海市公交车站点品质提升示例

第十三章　推进适老化无障碍交通出行服务扩面提质增效

2023 年，交通运输部深入贯彻落实积极应对人口老龄化国家战略，持续开展适老化交通出行服务交通运输更贴近民生实事。各地交通运输主管部门按照部统一部署，坚持因地制宜，持续提升适老化无障碍交通出行服务水平。

第一节　适老化无障碍出行服务体系持续完善

2023 年 6 月，十四届全国人大常委会第三次会议表决通过《中华人民共和国无障碍环境建设法》，自 2023 年 9 月 1 日起正式施行。2023 年，交通运输部深入贯彻落实法律要求，不断完善适老化无障碍交通出行政策，建立健全适老化无障碍交通出行服务体系，将"持续提升适老化无障碍交通出行服务工作"作为 2023 年交通运输部更贴近民生实事重点推进。

一是印发《交通运输部办公厅关于印发 2023 年持续提升适老化无障碍交通出行服务等 5 件更贴近民生实事工作方案的通知》（交办运函〔2023〕480 号），制定了 2023 年持续提升适老化无障碍交通出行服务工作方案。各地积极开展适老化无障碍交通出行服务工作，2023 年新打造敬老爱老城市公共汽电车线路 1166 条，更新低地板及低入口城市公共汽电车 7792 辆，改造公共汽电车站台 3883 个。

二是印发《交通运输部 国家铁路局 中国民用航空局 国家邮政局 中国残疾人联合会 全国老龄工作委员会办公室关于进一步加强适老化无障碍出行服务工作的通知》（交运函〔2024〕20 号）（以下简称《通知》），要求充分认识贯彻实施《中华人民共和国无障碍环境建设法》的重要意义，全面落实适老化无障碍出行环境建设要求。《通知》提出了加强适老化无障碍交通设施规划建设，加大适老化无障碍交通运输设备配置和改造力度，改善适老化无障碍城市交通出行体验，持续优化综合运输适老化无障碍出行服务，改进提升适老化无障碍出行信息服务等 5 方面的具体要求。

第二节　济南市完善适老化无障碍城市公共汽电车服务

济南市通过加强适老化无障碍设施设备改造、打造敬老爱老城市公交线路、推出适老化便民措施等举措，持续提升适老化无障碍城市公交服务水平，积极推进济南市公共交通无障碍环境建设高质量发展。

一、加强适老化无障碍设施设备改造

一是加快更新低地板及低入口公交车辆。济南市 2023 年新投入运行的 403 辆公交车辆全部为低入口车辆，车辆一级踏步高度 360 毫米，可实现乘客一步登乘。其中 343 辆配备了无障碍轮椅导板，便于使用轮椅的乘客顺利上下车。部分车辆配置了空气悬架系统，使用时车门一侧车身高度下降 7 厘米，更加便于老年乘客上下车。济南市城市公共汽电车无障碍车辆设施情况见图 13-1。

二是增设智能电子站牌和蓝牙信标。2023 年，济南市在多条主干道建设了 300 处智能电子站牌，可实现来车预报、应急信息发布等功能，便于老年乘客查看乘车。为更好地定位车辆到站信息，济南市探

索试点比传统GPS具有更好定位效果的蓝牙信标技术，将蓝牙信标和城市公共汽电车车辆、站牌进行绑定，可以精确地获取车辆到站信息。

图 13-1　济南市城市公共汽电车无障碍车辆设施情况

二、提升敬老爱老公交线路服务水平

济南市结合每条敬老爱老城市公交线路特点，分别制订《敬老爱老线路打造提升方案》，通过官方微信公众号、微博等媒体宣传推介敬老爱老线路服务举措、线路特色，营造浓厚敬老爱老氛围。对敬老爱老品牌线路的车厢文化进行全面升级，在车厢看板、挂牌、靠背、下客门等位置增加"敬老爱老、文明出行"主题服务宣传标语以及安全提示语，使十米车厢成为弘扬"敬老爱老"传统美德、传递"善"文化的"流动课堂"。车厢内设置爱心专席和爱心敬老便民箱，爱心敬老便民箱内有创可贴、口罩、抽纸等应急物品，以备老年乘客不时之需。

三、推出适老化出行服务便民措施

一是认真执行老年人免费乘车相关政策，实行"卡证并行"。老年人凭居民身份证、港澳居民来往内地通行证、台湾居民来往大陆通行证、护照和各省（自治区、直辖市）颁发的老年人优待证中任何一种有效证件，在济南市乘坐城市公共汽电车均享受山东省老年人优待政策。2023年以来，发放老年免费卡20.1万张，累计办理老年免费卡133.5万张。

二是持续推出老年人等特需乘客"零跑腿"服务。按照"让数据多跑路，让乘客少跑腿"的原则，通过技术创新、后台程序优化和收费设备升级，逐步完善老年免费卡持卡人相关数据后台自动交互和信息验证功能，实现150余万老年人乘客在线业务办理。

第三节　合肥市提升城市轨道交通适老化无障碍出行服务水平

合肥市重视老年人、残疾人城市轨道交通出行服务工作，持续提升合肥市城市轨道交通适老化无障碍运营服务水平，满足人民群众美好出行需要。

一、提供特色服务

合肥轨道交通 1 号线通过创新服务模式，结合乘客及站点实际需求，打造集党建、安全、服务为一体的主题站点，如大东门站"向日葵"服务驿站、VR 实景地图，合肥南站"红帆驿站"，以点带面提升线路服务品质。车站通过印发"敬老"徽章、建立"爱心接力"联动服务制度、推出老人优先窗口、联合社区开展老人志愿服务等方式，保障老年人出行安全，提升老年人出行体验。合肥轨道交通 3 号线合肥火车站提供周到细致的无障碍服务，获得合肥市肢残人协会首个"合肥轨道助残示范站"称号。

二、完善信息服务

一是提供"爱心直通车"出行预约服务。盲人、残障人士、孕妇、老人等特殊群体乘客如需帮助，可通过微信公众号、服务热线、服务平台等提前进行出行预约，告知进站时间、准确地点以及需求，各相关车站将配合共同完成乘客进站、上车、下车、换乘、出站工作，为特殊乘客提供全程接力式服务。二是联合高德地图 App 上线公共出行"无障碍模式"功能。在高德地图显示合肥市城市轨道交通无障碍信息，包括合肥轨道交通的站点联系电话、无障碍卫生间位置及无障碍直梯位置信息，为老年人、残疾人等提供无障碍出行信息服务。

三、加强服务监管

一是强化服务质量监测。合肥市进一步细化了乘客满意度评价指标体系，将无障碍和人性化设施完备、完好情况及标识情况作为三级指标进行打分，加强对无障碍考核内容的评价。二是提高人员服务质量。合肥地铁编制《关于进一步加强特殊乘客群体关注的通知》，明确管理要求，完善特殊乘客服务流程，分层级制订岗位服务评估表，完善岗前评估体系，切实提升服务意识。

第四节　广州市提升出租汽车适老化无障碍出行服务水平

广州市根据实际，围绕老年人、残疾人在城市交通出行中面临的突出问题和迫切需求，积极推进出租汽车无障碍设备更新、适老化服务提升等工作，持续提高广州市出租汽车适老化无障碍交通出行服务水平。

一、持续推动出租汽车电话约车和"一键叫车"服务

广州市持续做好全国统一电召电话 95128 热线服务工作，保障老年人 24 小时全天候预约乘坐巡游出租汽车。指导网约车平台进一步完善"一键叫车"功能，推动滴滴出行启用"老人打车"业务，提供老年人在 App 端电话约车或"一键叫车"等服务；引导如祺出行、T3 出行等 4 家网约车平台优化"助老模式""助老打车"等功能设置，为老年人提供更便利的客服、亲友代叫车等服务。指导行业协会推动巡游出租汽车网约化工作，截至 2023 年 10 月底，广州市已有约 1 万辆巡游车接入嘀嗒、美团、志邦等互联网平台提供服务，其中嘀嗒平台已推出"一键叫车"、大字体服务等功能，进一步提升老年人打车便利度。

二、加强无障碍出行政策引导和机制保障

一是出台无障碍环境建设发展规划。2023 年出台《广州市无障碍环境建设发展规划（2021—2035 年）》，

在主要任务中提出"持续增加无障碍出租车数量，督促网约车平台优先满足残疾人出行订单需求""借助无障碍地图应用系统，连接公交、出租汽车、数字化盲道等设备，构建无障碍信息服务平台，为各类人群提供服务"等要求。二是出台无障碍出租汽车专项补贴政策。广州市建立以市场化为主的出租汽车无障碍出行服务保障机制，广州市交通运输局联合市财政局、市残联制定出台了《广州市无障碍出租汽车专项补贴资金工作方案》，对提供无障碍服务的出租汽车企业给予专项补贴。规定补贴金额每年预算总额为人民币 114 万元，补贴期限为 2023 年至 2027 年。

三、完善无障碍出租汽车出行服务

为了更好地给老年人、残疾人等群体提供专业的无障碍出租汽车出行服务，2023 年，广州市交通运输局引导白云公司、滴滴出行 2 家企业分别投产 10 辆无障碍巡游出租汽车和 20 辆无障碍网约车。无障碍网约车在广州核心城区（荔湾区、越秀区、天河区、海珠区、白云区部分、番禺区部分）运营。无障碍网约车自带折叠坡面，方便轮椅推行至车内，适合残障人士、老人、病人、孕妇等人群使用，有需求的乘客可以提前 20 分钟在滴滴 App 下单预约。

第十四章　国际城市交通发展相关经验

第一节　首尔市城市公共交通可持续发展

首尔市通过一系列创新和改革措施，提高城市公共交通的效率和便利性，减少环境污染，缓解城市交通拥堵。首尔市基于城市公共汽电车改革计划，重新分配城市公共汽电车线路运营权，建立基于运营车辆数和年运营里程的收入分配管理体制；重组城市公共汽电车运行线路、建设路中式公交专用车道和建设全新收费系统，改善城市公共汽电车的基础设施。首尔市城市公共汽电车改革计划有效提升了城市公共汽电车的服务水平，提高了公共交通出行分担率。为了响应城市公共交通智能高效、绿色低碳的发展愿景，首尔市持续推动城市公共交通智能化和主动交通发展。

一、城市公共交通智能化发展

首尔市建立了交通运营信息服务系统（Transport Operation and Information Service，以下简称"信息服务系统"），作为收集和处理实时道路和公共交通信息的"数字大脑"，为制定城市交通政策提供可靠数据参考。信息服务系统可促进城市不同交通方式、不同企业主体（城市公共汽电车、城市轨道交通、汽车租赁和共享单车）的交通数据共享，数据经处理、分析后，定期向社会公开。信息服务系统的实施提高了首尔市公共交通乘客的满意度，改善了交通规划流程，促进了城市公共交通发展。

信息服务系统通过道路交通管理系统、城市公共汽电车管理系统、无人执法系统、大数据分析和城市公共交通政策制定等核心系统收集数据、处理数据和提供决策信息。首尔市信息服务系统工作流程和核心系统架构见图14-1。

图14-1　首尔市信息服务系统工作流程和核心系统架构

1.道路交通管理系统

道路交通管理系统主要收集智能交通卡、城市公共汽电车和出租汽车 GPS、视频检测器、闭路电视、LED 显示屏和城市公共汽电车信息系统数据，并将数据共享至官方网站或 App，供出行者使用。

2. 城市公共汽电车管理系统

城市公共汽电车管理系统主要包括两个功能：一是提高决策能力。通过评估城市公共汽电车运营车辆和乘客出行信息，优化城市公共汽电车线路、车站位置。二是管理实时运营信息，提高服务质量。首尔市近 80% 的公交车站安装了信息指示牌，为乘客提供实时公交位置、到达时间、满载率和线路信息。

3. 无人执法系统

为了加强道路交通违法行为执法，在信息服务系统中设置了 336 个无人执法系统。无人执法系统主要检测违法停车和违法占用车道（公交专用车道等）车牌，并通过国土交通部门车辆登记管理系统自动查询车主信息，留存证据并开具罚单，并自动对不满足绿色低排放区的 5 级车辆进行罚款。

4. 大数据分析和城市公共交通政策制定系统

该系统运用道路和城市公共交通的大数据，结合私家车保有量趋势、土地利用等社会经济指标，分析拥堵地区的道路交通瓶颈问题，优化城市公共交通服务，创新服务办法，如根据通勤者的出行模式调整城市公共汽电车线路和城市轨道交通发车间隔，增加夜间公交等。

二、主动交通发展

主动交通出行是指通过非机动手段，以人类的身体活动为基础的城市交通出行行为，包括步行、自行车以及采取其他个人出行工具（电动滑板、平衡车等）出行。首尔市主动交通发展策略是通过建立公共自行车系统、改善步行设施等措施，吸引城市居民选用步行、自行车等交通方式出行。

1. 建立公共自行车系统

首尔市推出了"首尔自行车"公共自行车租赁系统，居民可通过 App 扫码使用。公共自行车系统数据显示，首尔市公共自行车使用次数大幅提升。工作日密集使用公共自行车的时间段与城市通勤高峰时间段相近，表明有不少通勤客流选用公共自行车出行。

2. 改善步行设施

首尔市实施"主动交通区域"计划，建设了仅供非机动化出行的城市区域。通过设置步行街、自行车专用车道和低速限行区等措施，保障步行和自行车的通行优先权。"主动交通区域"计划对机动车道路、城市学校周边区域等进行改造，如首尔路 7017 改造，将废弃的高速公路改造成空中公园，美化了步行景观，优化了首尔中央车站的步行空间；在学校周边建立"儿童安全区"，通过限制机动车速度等方式，减少学校周边交通事故。

第二节　巴黎市城市交通规划

2024 年 2 月，巴黎市发布了《活跃、共享、可持续——巴黎多样的城市交通规划》（以下简称"城市交通规划"），涉及城市公共交通、自行车、可持续城市物流等领域。城市交通规划的关键任务是建立低碳、快捷、包容、公平的城市交通。

一、战略目标

城市交通规划共有 18 个战略目标，主要从减少碳排放、实现更包容交通、提升公共交通服务水平等方面对城市交通的发展提出战略发展要求。城市交通规划战略目标见表 14-1。

城市交通规划战略目标 表 14-1

序号	战略目标	序号	战略目标
1	将性别问题纳入城市公共交通空间规划	10	发展适应 2030 年和 2050 年出行目标的能源供应网络，并支持为个人和企业配备充电站
2	加强公共场所的可达性，优化步行出行环境	11	在确保监管的前提下，促进共享出行的发展
3	实施"街道法规"，减少不文明行为和冲突	12	为游客出行提供更可持续的方案
4	道路安全争取实现"零事故"	13	在城市范围内实现高效、绿色的货物运输和城市物流
5	制定整个巴黎地区交通发展计划	14	保护城市居民和游客的健康
6	铺装新型地面，绿化城市，减少热岛效应	15	改善巴黎市和法兰西岛区域的出行体验
7	建设自行车道和相关设施，发展自行车交通	16	积极调动居民、企业和游客参与交通方式转型计划
8	推动巴黎低排放区实施，旨在于 2024 年淘汰柴油车，2030 年禁止燃油车辆上路	17	制定鼓励城市交通出行方式转变的相关创新技术计划
9	建立高效、绿色的城市公共交通网络	18	与巴黎地区的居民协商改造环城大道

二、发展规划

城市交通规划依据鼓励和优先发展步行交通、发展自行车道路和相关基础设施、发展高质量城市公共交通、鼓励汽车共享和电动汽车四项基本指导原则，提出相关规划内容。

1. 步行交通发展规划（战略目标第 2、3 条）

步行交通是城市交通中最基本的出行方式，有利于居民身体健康和保护环境。近年来，巴黎分担率最高的出行方式仍是步行，但交通事故受害者有 19% 是步行者。因此，步行交通的发展重点是建设让步行者更愉快、更安全的街道，步行交通发展规划主要内容为：

（1）拓宽主要街道的人行道宽度，确保人行道的安全性；

（2）把步行纳入城市建设项目的主要交通方式；

（3）重新设计停车场、停车位的位置；

（4）加强街道的绿化设施，使步行更愉快；

（5）改善城市公共交通步行空间，为行动不便、视力受损等人群提供更包容的措施；

（6）制定"街道法规"，减少不文明行为和冲突。

2. 自行车发展规划（战略目标第 7 条）

自行车是城市公共交通的补充出行方式，能够减少私家车的使用。巴黎市通过制定自行车发展规划推动自行车的有序发展，根据第一个《自行车发展规划（2015—2020）》建成了 300 公里的自行车专用道和快速自行车网络，并在《自行车发展规划（2021—2026）》中继续扩展和完善。《自行车发展规划（2021—2026）》内容为：

（1）建设双向自行车道，将自行车专用道里程数延伸至 450 公里；

（2）建设自行车停车场，至 2030 年共建设超过 13 万个自行车停车位；

（3）其他措施，如加强打击自行车盗窃行为，发展自行车"生态系统"（建设自行车通学道路、自行车旅游道路等）。

3. 城市公共交通发展规划（战略目标第 9 条）

巴黎城市公共交通包括高速铁路网络（RER）、地铁、有轨电车、城市公共汽电车等交通方式，均由法兰西岛大区交通运输局负责运营，巴黎市提供部分补贴资金。城市公共交通发展规划主要内容为：

（1）加快推动城市公共汽电车全面新能源化；

（2）改善城市公共汽电车道路运行环境；

（3）增强公共交通网络可达性；

（4）促进城市公共交通企业竞争，提高服务水平；

（5）优化巴黎市区与周边城市之间的城市公共交通衔接。

4. 共享出行发展规划（战略目标第 11 条）

近年来，共享汽车、共享自行车和电动滑板车等共享出行方式（固定停车点或自由停放）发展迅速，共享出行方式作为替代私家车的出行方式，能够与城市公共交通等其他交通方式互补，满足乘客特殊的出行需求。共享出行发展规划主要内容为：

（1）加强对共享自行车的资金支持；

（2）发展共享汽车服务，在城市公共空间中预留、控制共享汽车的专属停车位；

（3）优先发展碳排放最低的共享出行服务。

5. 交通需求管理发展规划（战略目标第 8 条）

2015 年，巴黎市依法实施了城市低排放区政策，要求在巴黎市区范围内限制排放较高的私家车使用。近期法兰西岛大区交通运输局更新了限制要求，自 2021 年起，禁止排放污染等级为 4、5 两类车辆在低排放区内行驶，并计划在 2024 年对排放污染等级为 3 的车辆进行交通管制；为了响应巴黎气候协定，计划自 2030 年起禁止柴油、汽油车辆上路。

除以上五个发展规划外，城市交通规划还包括城市区域可达性改善规划、城市环路更新改造规划、停车场改造规划、游客交通方式改善规划、交通能源供应升级规划、城市货运物流转型升级规划等城市交通发展规划。

三、绿色交通发展

为了响应巴黎气候协定相关要求，城市交通规划中对环境目标提出了额外要求，最大限度减少温室气体排放和实现城市交通的脱碳。

减少温室气体排放目标为：2030 年较 2004 年城市交通领域的温室气体排放减少 50%，且 2030 年禁止使用化石燃料车辆；2050 年城市交通领域实现零温室气体排放。该目标要求巴黎市在 2020—2030 年间减少 40% 的温室气体排放量，因此，需要做到以下几点：

（1）继续减少私家车使用，目前私家车使用量每年减少 2%；

（2）加快推动城市公共汽电车全面新能源化；

（3）继续推进实施城市低排放区对不符合要求的私家车限制措施，到 2030 年全面禁止化石燃料车辆在巴黎市区范围内行驶。

实现城市交通脱碳目标为：2030 年较 2004 年城市交通碳排放减少 40%，为实现目标需要做到以下几点：

（1）减少巴黎市和法兰西岛大区的私家车数量；

（2）加快推动城市公共汽电车全面新能源化；

（3）推动相关技术发展，减少车辆全生命周期的碳排放，优化电池制造、回收工艺中的碳排放；

（4）使用可再生能源进行发电。

2023 年度城市客运大事记

IMPORTANT EVENTS OF URBAN PASSENGER TRANSPORT IN 2023

1月 6日 《交通运输部办公厅关于公布推动城市公共交通优先发展专家库名单的通知》（交办运函〔2023〕22号）印发，成立推动城市公共交通优先发展专家库。

18日 《交通运输部关于公布"十四五"期国家公交都市建设示范工程创建城市名单的通知》（交运函〔2023〕16号）印发，公布河北省唐山市等30个城市"十四五"期国家公交都市建设示范工程创建城市名单。

30日 《工业和信息化部等八部门关于组织开展公共领域车辆全面电动化先行区试点工作的通知》（工信部联通装函〔2023〕23号）印发，提出车辆电动化水平大幅提高、充换电服务体系保障有力、新技术新模式创新应用等主要目标和提升车辆电动化水平、促进新技术创新应用、完善充换电基础设施、健全政策和管理制度等重点任务。

2月 21日 交通运输部部长李小鹏主持召开部务会，围绕"中国式现代化"和"团结奋斗的时代要求"专题学习宣传贯彻党的二十大精神，传达学习中央有关精神。会议强调，抓住用好战略机遇，加快构建安全、便捷、高效、绿色、经济的现代化综合交通运输体系，奋力加快建设交通强国，努力当好中国现代化的开路先锋，为全面建设社会主义现代化国家提供坚强有力的交通运输服务和保障。

3月 29日 《加快建设交通强国五年行动计划（2023—2027年）》印发，提出未来五年加快建设交通强国的行动目标和行动任务，是指导加快建设交通强国的重要文件。

4月 11日 《交通运输部办公厅关于印发2023年持续提升适老化无障碍交通出行服务等5件更贴近民生实事工作方案的通知》（交办运函〔2023〕480号）印发，明确2023年持续提升适老化无障碍交通出行服务工作方案、推动交通运输新业态平台企业降低过高抽成工作方案，并明确提出具体目标任务。

25日 《交通运输部办公厅 工业和信息化部办公厅 公安部办公厅 国家市场监督管理总局办公厅 国家互联网信息办公室秘书局关于切实做好网约车聚合平台规范管理有关工作的通知》（交办运〔2023〕23号）印发，明确提高思想认识，高度重视网约车聚合平台规范管理工作；压实企业责任，保障乘客和驾驶员合法权益；规范经营行为，维护公平竞争市场秩序；加强协同配合，提升监管能力和水平；强化底线思维，切实维护行业安全稳定。

5月 10日 习近平总书记在河北雄安新区考察并主持召开高标准高质量推进雄安新区建设座谈会。习近平总书记在雄安城际站及国贸中心项目建设现场时指出，交通是现代城市的血脉。血脉畅通，城市才能健康发展。要在建设立体化综合交通网络上下功夫，在充分利用地下空间上下功夫，着力打造一个没有"城市病"的未来之城，真正把高标准的城市规划蓝图变为高质量的城市发展现实画卷。

25日 《交通运输部安全委员会关于印发〈2023年交通运输"安全生产月"活动方案〉

的通知》（交安委〔2023〕2号）印发，活动主题为人人讲安全、个个会应急，活动内容包括深入学习贯彻习近平总书记关于安全生产重要论述，深入开展"人人讲安全、个个会应急"主题活动，组织开展"安全宣传咨询日"活动，统筹推进主题活动与风险隐患排查专项工作，持续推进"平安交通"系列工作，大力培树平安和谐的交通运输安全文化等。

28日 《交通运输部办公厅关于组织开展"十四五"期第二批国家公交都市建设示范工程创建申报工作的通知》（交办运函〔2023〕710号）印发，决定组织开展"十四五"期第二批国家公交都市建设示范工程创建申报工作。

6月 **6日** 交通运输部党组书记、部长李小鹏到中国国际可持续交通创新和知识中心调研并主持座谈会。李小鹏强调，要深刻认识国际中心建设的重要意义，按照部党组部署要求，设计好、建设好、运营好、发展好国际中心，全力以赴办好全球可持续交通高峰论坛（2023）和第十五届国际交通技术与设备展览会，发起设立全球可持续交通创新联盟，不断拓展交通国际合作新领域、新渠道、新空间。

15日 交通运输部党组书记、部长李小鹏主持交通运输部党组理论学习中心组进行2023年第八次集体学习，主题是深入学习领会党的二十大关于安全生产的重大决策部署，坚决贯彻落实习近平总书记关于安全生产重要论述和重要指示批示精神，坚持人民至上、生命至上，坚持安全第一、预防为主，坚持系统观念、问题导向，更好统筹发展和安全，不断完善交通运输安全生产体系，扎实推动交通运输安全发展。会议决定，高标准高质量推进雄安新区交通建设，提升北京城市副中心交通承载力，不断完善立体化综合交通网络，持续提升运输服务一体化水平，积极推动交通高质量发展。

16日 交通运输部党组书记、部长李小鹏主持召开部务会，传达学习中央有关精神，审议《交通运输部关于贯彻落实习近平总书记重要讲话精神 高标准高质量推进雄安新区交通建设和深入推进京津冀交通运输一体化发展的实施方案》和《交通运输部安全生产检查办法（试行）》等。

7月 **21日** 《交通运输部办公厅 中华全国总工会办公厅关于开展2023年"最美公交司机"推选宣传活动的通知》（交办运函〔2023〕1049号）印发，持续深化交通运输产业工人队伍建设改革，激励全行业奋力推进综合运输服务发展和提质增效。

25日 《关于学习借鉴改革巡游出租汽车机制典型经验做法的通知》（交办运函〔2023〕1071号）印发。

8月 **11日** 《交通运输部办公厅 公安部办公厅 国家机关事务管理局办公室 中华全国总工会办公厅 共青团中央办公厅关于组织开展2023年绿色出行宣传月和公交出行宣传周活动的通知》（交办运函〔2023〕1176号）印发，定于9月联合开展绿色出行宣传月和公交出行宣传周活动。

22日 《交通运输部关于印发〈城市轨道交通运营安全评估管理办法〉的通知》（交运

规〔2023〕3号）印发，包括总则、初期运营前安全评估、正式运营前安全评估、运营期间安全评估、第三方安全评估机构、相关要求、运营安全专家、附则等章节。进一步规范安全评估前提条件、关键设施设备评估要求、第三方安全评估机构和专家要求。

《交通运输部关于命名张家口市等28个城市国家公交都市建设示范城市的通报》（交运发〔2023〕117号）印发，决定命名张家口市、临汾市、乌海市、盘锦市、通化市、牡丹江市、常州市、扬州市、宿州市、蚌埠市、阜阳市、芜湖市、上饶市、枣庄市、烟台市、潍坊市、威海市、许昌市、新乡市、宜昌市、娄底市、佛山市、凯里市、玉溪市、保山市、宝鸡市、喀什市、伊宁市为国家公交都市建设示范城市。

9月

8日

交通运输部党组书记、部长李小鹏主持召开部务会，传达学习习近平总书记在新时代推动东北全面振兴座谈会上的重要讲话精神、在黑龙江考察时的重要指示精神和中央有关精神，研究推进城市公共交通健康可持续发展等工作。会议指出，近年来，各地深入实施城市公共交通优先发展战略，推进城市公共交通取得了长足发展，但受多种因素影响，部分城市公共汽电车企业面临经营困难问题。要全面贯彻落实党的二十大精神，加快建设交通强国，深入实施城市公共交通优先发展战略，在完善支持政策、夯实发展基础、加强综合开发、加强从业人员权益保障等方面持续用力，强化统筹协调，抓好政策落实，加快推进城市公共交通健康可持续发展。

13日

《交通运输部办公厅关于印发〈道路运输企业和城市客运企业安全生产重大事故隐患判定标准（试行）〉的通知》（交办运〔2023〕52号）印发，适用于城市轨道交通运营、城市公共汽电车客运、出租汽车客运等企业的安全生产重大事故隐患判定工作。

《交通运输部办公厅关于印发城市公共交通优先发展和绿色出行典型案例的函》（交办运函〔2023〕1373号）印发，遴选了13个城市公共交通优先发展和绿色出行典型案例，供各地参考借鉴，指导各地结合实际持续深入推进城市公共交通优先发展，构建完善绿色出行服务体系。

19日

由交通运输部、公安部、国家机关事务管理局、中华全国总工会、共青团中央联合主办的2023年绿色出行宣传月和公交出行宣传周启动仪式在北京举行，活动主题为"绿色出行 美好生活"。

22日

《交通运输部办公厅关于印发〈城市轨道交通初期运营前安全评估规范〉的通知》（交办运〔2023〕56号）印发，修订将人防验收、卫生评价和运营单位条件等纳入评估前提条件。明确"工程项目防洪涝专项论证报告"的具体内容和要求，提出车辆基地、车站等重点区域防淹排水设施的评估要求。将信号、自动售检票、车辆等满足相关技术要求纳入评估内容。规定换乘线路多个运营单位协同处置演练、应急设施与物资配备和维护保养等相关内容和要求，增加开展淹水倒灌场景应急演练的要求。

《交通运输部办公厅关于印发〈城市轨道交通正式运营前安全评估规范〉的通知》

（交办运〔2023〕57 号）印发，修订将设施设备全功能和全系统具备使用条件、"两类人员"考核等相关要求纳入评估前提条件。明确车辆基地排水泵、围蔽设施、挡板等防洪防涝设施设备的维护保养要求，提出将汛期重要时段防汛要求细化到工作岗位和防汛巡查规程和管理制度中。

《交通运输部办公厅关于印发〈城市轨道交通运营期间安全评估规范〉的通知》（交办运〔2023〕58 号）印发，修订增加"两类人员"考核等相关要求。明确提出应急物资布局、应急演练及演练评估情况，以及未投入正式运营线路的甩项工程处理情况等评估内容。

10 月　**8 日**　《交通运输部　国家发展和改革委员会　公安部　财政部　人力资源和社会保障部　自然资源部　国家金融监督管理总局　中国证券监督管理委员会　中华全国总工会关于推进城市公共交通健康可持续发展的若干意见》（交运发〔2023〕144 号）印发，提出完善城市公共交通支持政策、夯实城市公共交通发展基础、加快落实城市公共交通用地综合开发政策、加强从业人员权益保障、加强组织实施保障五方面共 15 项政策举措。

11 月　**9 日**　《交通运输部办公厅 公安部办公厅 国家机关事务管理局办公室 中华全国总工会办公厅 共青团中央办公厅关于做好 2023 年绿色出行宣传月和公交出行宣传周成绩突出集体和个人推荐工作的通知》（交办运函〔2023〕1696 号）印发，部署开展 2023 年绿色出行宣传月和公交出行宣传周活动成绩突出集体和个人推荐工作。

　　21 日　《交通运输部办公厅关于印发〈自动驾驶汽车运输安全服务指南（试行）〉的通知》（交办运〔2023〕66 号）印发，明确适用范围、基本原则、应用场景、自动驾驶运输经营者、运输车辆、人员配备、安全保障和监督管理等 8 部分。

　　23 日　《交通运输部办公厅关于印发〈城市轨道交通通信系统运营技术规范（试行）〉的通知》（交办运〔2023〕67 号）印发，包括总则、术语、总体要求、传输子系统、支撑子系统、优先调度通信子系统、无线调度通信子系统、乘客信息子系统、广播子系统、视频监视子系统、其他要求、附则等章节。

12 月　**6 日**　交通运输部党组书记、部长李小鹏到北京市通州区、房山区、门头沟区，就东六环入地改造、交通基础设施灾后重建等情况开展调研。调研期间，李小鹏与北京市市长殷勇就北京交通运输改革发展工作交换了意见。李小鹏强调，优先发展城市公共交通，对于保障人民群众基本出行、缓解城市交通拥堵、推进以人为核心的新型城镇化、实现碳达峰碳中和等具有重要意义。要促进城市公共交通服务提质增效，推进城市公共交通健康可持续发展，持续推进国家公交都市建设示范工程，更好满足人民群众美好出行需要，为实现"人享其行、物畅其流"美好愿景而不懈奋斗。

　　16 日　交通运输部印发《关于开展城市轨道交通运营安全隐患排查整治专项行动的通知》，深入贯彻落实习近平总书记关于低温雨雪冰冻灾害防范应对工作重要指示批示精神，汲取北京地铁昌平线"12·14"追尾事故教训，明确自2023年12月16日至2024年2月8日，组织开展城市轨道交通运营安全隐患排查整治专项行动，围绕行车调度指挥、关键设施设备、应急响应处置、安全责任落实等4方面，重点排查雨雪、冰冻、雾霾等恶劣天气下的列车驾驶、行车调度指挥相关操作规则，关键设施设备运营安全保护机制，突发事件应急预案以及应急队伍、物资准备情况，从业人员运营安全风险认知和重要岗位人员安全风险防范意识等，切实保障城市轨道交通运营安全。

附录

APPENDIX

附录 1　2023 年发布的城市客运行业政策文件清单

序号	名称	日期	全文链接（二维码）
1	《交通运输部办公厅关于印发 2023 年持续提升适老化无障碍交通出行服务等 5 件更贴近民生实事工作方案的通知》（交办运函〔2023〕480 号）	2023 年 4 月 11 日	
2	《交通运输部办公厅 工业和信息化部办公厅 公安部办公厅 国家市场监督管理总局办公厅 国家互联网信息办公室秘书局关于切实做好网约车聚合平台规范管理有关工作的通知》（交办运〔2023〕23 号）	2023 年 4 月 25 日	
3	《交通运输部关于印发〈城市轨道交通运营安全评估管理办法〉的通知》（交运规〔2023〕3 号）	2023 年 8 月 22 日	
4	《交通运输部办公厅关于印发〈道路运输企业和城市客运企业安全生产重大事故隐患判定标准（试行）〉的通知》（交办运〔2023〕52 号）	2023 年 9 月 13 日	
5	《交通运输部办公厅关于印发〈城市轨道交通初期运营前安全评估规范〉的通知》（交办运〔2023〕56 号）	2023 年 9 月 22 日	
6	《交通运输部办公厅关于印发〈城市轨道交通正式运营前安全评估规范〉的通知》（交办运〔2023〕57 号）	2023 年 9 月 22 日	
7	《交通运输部办公厅关于印发〈城市轨道交通运营期间安全评估规范〉的通知》（交办运〔2023〕58 号）	2023 年 9 月 22 日	

序号	名称	日期	全文链接（二维码）
8	《交通运输部 国家发展和改革委员会 公安部 财政部 人力资源和社会保障部 自然资源部 国家金融监督管理总局 中国证券监督管理委员会 中华全国总工会关于推进城市公共交通健康可持续发展的若干意见》（交运发〔2023〕144 号）	2023 年 10 月 8 日	
9	《交通运输部办公厅关于印发〈自动驾驶汽车运输安全服务指南（试行）〉的通知》（交办运〔2023〕66 号）	2023 年 11 月 21 日	
10	《交通运输部办公厅关于印发〈城市轨道交通通信系统运营技术规范（试行）〉的通知》（交办运〔2023〕67 号）	2023 年 11 月 23 日	

附录 2　2023 年发布实施的城市客运标准规范清单

序号	标准号	标准名称	标准级别	实施时间	第一起草单位	全文链接（二维码）
1	GB/T 42334.1—2023	城市轨道交通运营安全评估规范　第1部分：地铁和轻轨	国家标准	2023年3月17日	交通运输部科学研究院	
2	GB/T 32842—2023	城市公共自行车交通服务规范	国家标准	2023年8月6日	杭州市标准化研究院	
3	JT/T 1464.1—2023	汽车租赁管理服务信息系统　第1部分：总体技术要求	行业标准	2023年4月19日	中国交通通信信息中心	
4	JT/T 1464.2—2023	汽车租赁管理服务信息系统　第2部分：信息数据元	行业标准	2023年4月19日	中国交通通信信息中心	
5	JT/T 1456—2023	城市轨道交通运营安全隐患排查规范	行业标准	2023年4月19日	南京地铁运营有限责任公司	
6	JT/T 1457—2023	公共汽电车线网评价指标	行业标准	2023年4月19日	交通运输部科学研究院	
7	JT/T 933—2023	快速公共汽车交通站台门系统	行业标准	2023年4月19日	济南市城市交通研究中心有限公司	

续上表

序号	标准号	标准名称	标准级别	实施时间	第一起草单位	全文链接（二维码）
8	JT/T 978.2—2023	城市公共交通IC卡技术规范 第2部分：卡片	行业标准	2023年4月19日	中国交通通信信息中心	
9	JT/T 978.3—2023	城市公共交通IC卡技术规范 第3部分：读写终端	行业标准	2023年4月19日	中国交通通信信息中心	
10	JT/T 978.4—2023	城市公共交通IC卡技术规范 第4部分：信息接口	行业标准	2023年4月19日	中国交通通信信息中心	
11	JT/T 1464.3—2023	汽车租赁管理服务信息系统 第3部分：数据交换与共享	行业标准	2023年9月25日	中国交通通信信息中心	
12	JT/T 1469—2023	城市轨道交通运力负荷评估规范	行业标准	2023年9月25日	北京城建设计发展集团股份有限公司	